Dittrich · Prüfungstraining Mandantenorientierte Sachbearbeitung

Prüfungstraining für Steuerfachangestellte

Die Bücher der Reihe Prüfungstraining für Steuerfachangestellte richten sich an auszubildende Steuerfachangestellte, die sich auf die Prüfung vorbereiten. Die Bücher helfen Verständnislücken auf prüfungsrelevanten Gebieten zu schließen, bieten eigene Kontrollmöglichkeiten und geben somit die erforderliche Sicherheit für das erfolgreiche Bestehen der Prüfung.

Bisher sind in der Reihe erschienen:

Prüfungstraining Mandantenorientierte Sachbearbeitung
von Sabine Dittrich

Prüfungstraining Rechnungswesen
von Sabine Dittrich und Ilse Jürgenliemk

Prüfungstraining Steuerlehre
von Sabine Dittrich

Abschlussprüfungen Steuerlehre, Rechnungswesen, Wirtschaftslehre
vom WIN Team

Sabine Dittrich

Prüfungstraining Mandantenorientierte Sachbearbeitung

Sicher durch die mündliche Prüfung zum Steuerfachangestellten

Mit kostenlosen Lösungen im Internet

GABLER

Bibliografische Information Der Deutschen Bibliothek
Die Deutsche Bibliothek verzeichnet diese Publikation in der Deutschen Nationalbibliografie; detaillierte bibliografische Daten sind im Internet über <http://dnb.ddb.de> abrufbar.

1. Auflage Mai 2003

Der Gabler Verlag ist ein Unternehmen der Fachverlagsgruppe BertelsmannSpringer.
www.gabler.de

Umschlaggestaltung: Ulrike Weigel, www.CorporateDesignGroup.de

Gedruckt auf säurefreiem und chlorfrei gebleichtem Papier

ISBN-13: 978-3-409-12398-3 e-ISBN-13: 978-3-322-84523-8
DOI: 10.1007/978-3-322-84523-8

Vorwort

Liebe Leserin, lieber Leser,

mit diesem Werk wollen wir angehenden Steuerfachangestellten eine optimale Vorbereitung auf das mündliche Prüfungsfach Mandantenorientierte Sachbearbeitung bieten.
Sie finden im ersten Kapitel ein ausführliches Beispiel wie eine mündliche Prüfung ablaufen kann. Gleichzeitig erfahren Sie, auf was es in dieser Prüfung ankommt und wie man ein sehr gutes Ergebnis erzielen kann.

Im zweiten Kapitel folgt ein umfangreicher Übungsteil. Die Lösungen werden mit Rechtsstand 2002 und ab 31.07.2003 auch mit Rechtsstand 2003 im Internet unter www.gabler.de\dittrich zur Verfügung gestellt.

Im letzten Kapitel erfahren Sie, wie die Prüfungsergebnisse bewertet werden und welche Besonderheiten es dabei gibt.

Mein besonderer Dank gilt Frau Steuerberaterin Ilse Jürgenliemk, die mich tatkräftig mit Prüfungsaufgaben für das zweite Kapitel unterstützt hat, sowie Herrn Dr. Riccardo Mosena vom Gabler Verlag für viele gute Ideen hinsichtlich der Gestaltung des Buches.

Trotz größtmöglicher Sorgfalt kann ich Fehler nicht vollständig ausschließen. Ihre Hinweise, Anregungen und Tipps finden bei mir immer ein dankbares offenes Ohr. Sie erreichen mich über den Verlag oder info@steuernlernen.de.

Wir - Autorin, Mitarbeiterin und Verlag - wünschen Ihnen viel Erfolg in Ausbildung und Prüfung und sind sicher, dass dieses Buch Ihnen dabei eine gute Hilfe sein wird.

Hof, im Mai 2003 Sabine Dittrich

ERLÄUTERUNG DER PICTOGRAMME:

Die Glühbirne weist auf einen Autorentipp hin. Sie finden Querverweise auf andere Kapitel oder andere wichtige Hinweise.

Der Stift kommt mit dem Ziffern **1, 2** und **3** vor. Dieses Pictogramm steht vor den Prüfungsaufgaben und zeigt den Schwierigkeitsgrad an:

eher einfachere Aufgabenstellung	= 1
mittelschwere Aufgabenstellung	= 2
anspruchsvollere Aufgabenstellung	= 3

ALLGEMEINES ZUR GESTALTUNG DER AUFGABEN UND LÖSUNGEN

Die Lösungen finden Sie mit Rechtsstand 2002 und ab 31.07.2003 auch mit Rechtsstand 2003 im Internet unter www.gabler.de\dittrich. Bitte beachten Sie die Hinweise im Internet-Lösungsteil.

ÜBRIGENS:

Haben Sie keine Hemmungen, in Ihr Buch hineinzuschreiben. Dies ist ja ein Arbeitsbuch und das kann man ihm ruhig ansehen!

Inhaltsverzeichnis

Hinweise zum Prüfungsablauf

1. Hinweise Prüfungsablauf

Hier erfahren Sie, welche Besonderheiten der Prüfungsablauf in Mandantenorientierter Sachbarbeitung beinhaltet und wie Sie sich optimal darauf vorbereiten können.

1.1 Grundsätzliches

1.1.1 Prüfungsablauf und -inhalte

Haben Sie die schriftliche Prüfung mit einem bestimmten Notenschnitt abgeschlossen, werden Sie zur mündlichen Prüfung zugelassen. Im Regelfall findet diese etwa 6-8 Wochen nach der schriftlichen Prüfung statt. Die Benachrichtigung der Steuerberaterkammer trifft spätestens eine Woche vor dem Termin bei Ihnen ein.

In dieser Benachrichtigung erfahren Sie Ihre Ergebnisse der schriftlichen Prüfung. Sollten Sie zu einer mündlichen Ergänzungsprüfung antreten müssen, weil Sie im Fach Steuerlehre oder in insgesamt zwei Fächern mit 5 abgeschnitten haben, wird Ihnen das in dem Schreiben ebenfalls mitgeteilt.

Die Note in Mandantenorienterter Sachbearbeitung hat das gleiche Gewicht wie die drei Noten in den schriftlichen Prüfungen.

Weitere Hinweise und einige Rechenbeispiele zur Bewertung der Prüfung finden Sie in Kapitel 3 ab Seite 147.

WAS SOLLEN SIE KÖNNEN?

Der Begriff „Mandantenorientierte Sachbearbeitung" beschreibt eigentlich schon die Prüfungsanforderungen. Sie sollen einen typischen Sachverhalt aus der Berufspraxis selbständig bearbeiten, planen, durchführen und kontrollieren können. Ergänzend zur schriftlichen Prüfung geht es hierbei um die Fähigkeit, Wissensgebiete zu verknüpfen und Ergebnisse plausibel vorzutragen.

WIE LÄUFT DIE PRÜFUNG AB?

In den Prüfungsordnungen steht, dass die mündliche Prüfung grundsätzlich als Einzelprüfung abgenommen wird. Es ist aber auch eine Gruppenprüfung möglich. Meines Wissens wird aber seit 1998 überall eine Einzelprüfung durchgeführt.

Die Prüfung läuft in zwei Phasen ab: die **Vorbereitungsphase** und die **Vortragsphase.**

Zuerst werden Ihnen von der Prüfungskommission **zwei Aufgaben zur Auswahl** vorgelegt.

Vorbereitungsphase:

Sie müssen sich relativ schnell für eine von beiden Aufgaben entscheiden und haben dann **10 Minuten** Zeit, sich auf die Vortragsphase vorzubereiten. Währenddessen sitzen Sie vermutlich alleine in einem gesonderten Raum und dürfen Ihre mitgebrachte Fachliteratur nutzen. Normalerweise handelt es sich um die Steuergesetze, die Sie auch zur schriftlichen Prüfung verwenden durften, sowie zusätzlich HGB, BGB, AktG, GmbHG. Möglicherweise dürfen Sie auch Steuerrichtlinien verwenden. Bitte fragen Sie Ihre Berufschul-Lehrkraft danach, weil es je nach Kammerbezirk unterschiedlich gehandhabt wird.

Nach diesen 10 Minuten werden Sie vor die Prüfungskommission gerufen. Diese besteht im Regelfall aus einer Berufschul-Lehrkraft, einem Vertreter der Steuerberaterkammer (selbständiger Steuerberater) und einem Arbeitnehmervertreter (angestellte Steuerfachkraft). Eine dieser Personen ist der Prüfungskommissionsvorsitzende und wird das Gespräch leiten.

Vortragsphase:

Nun werden Sie aufgefordert, Ihre Ergebnisse vorzutragen und im Anschluss daran werden Ihnen die Prüfer vermutlich noch ergänzende Fragen stellen. Dieser Teil dauert etwa **20 Minuten**. Danach müssen Sie sich noch ein wenig gedulden und bekommen Ihr Ergebnis (bestanden oder nicht bestanden) gleich mitgeteilt.

1.1.2 Sinnvolle Prüfungsvorbereitung

Wenn Sie zur mündlichen Prüfung zugelassen sind, haben Sie Ihr Fachwissen bereits erfolgreich in der schriftlichen Prüfung unter Beweis gestellt. Das meiste dürfte Ihnen noch frisch im Gedächtnis sein. Sie selber kennen Ihre Schwächen am besten. Hier sollten Sie die Kenntnisse unbedingt nochmals auffrischen oder ergänzen.

Fast immer wird die Frage gestellt, welche Sachgebiete und Fragen dran kommen könnten. Man kann davon ausgehen, dass die Themenverteilung in etwa die Schwerpunkte der schriftlichen Prüfung wiederspiegelt. Also ist es vermutlich wahrscheinlicher, eine Aufgabe über ESt und Rechnungswesen vorgelegt zu bekommen, als mit dem Schwerpunkt AO oder KSt. Bedenken Sie jedoch: eigentlich kann alles gefragt werden, was im Ausbildungsplan vorkommt.

WICHTIG IST VOR ALLEM, SICH AUF DIE SPEZIELLEN ANFORDERUNGEN DER MÜNDLICHEN PRÜFUNG EINZUSTELLEN:

- Verstehen eines fächerübergreifenden Sachverhaltes in kurzer Zeit
- Zielgerichtete Ausarbeitung von Problemlösungen
- Ansprechender und plausibler mündlicher Vortrag der Ergebnisse

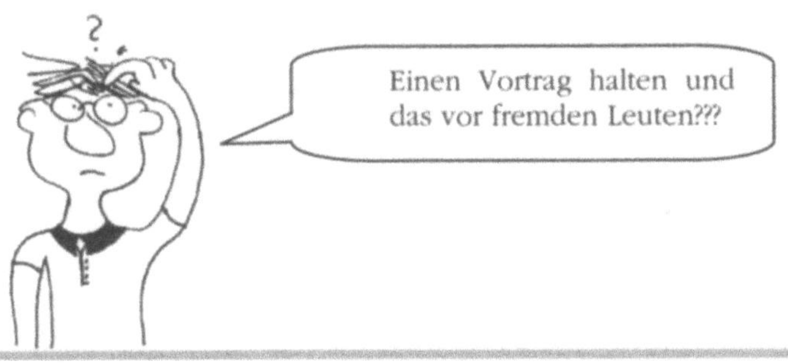

Idealerweise haben sie bereits in Ihrem Berufschulunterricht geübt. Sollte das nicht oder nicht ausreichend der Fall sein, können Sie sich auch alleine oder mit Klassenkameraden zusammen vorbereiten.

Dabei kann Ihnen dieses Buch eine wertvolle Hilfe sein. Anhand eines Aufgabenbeispieles werden Sie komplett durch die Prüfungssituation geführt und lernen optimale Verhaltensstrategien kennen.

Wohlgemerkt soll die folgende Beschreibung eines Prüfungsablaufes nur ein hilfreiches Beispiel sein, es gibt sicher noch mehr erfolgversprechende Möglichkeiten.

Schnelleinsteiger, die mit dem Prüfungsablauf bereits gut vertraut sind, können auch direkt zum Übungsteil ab Seite 21 übergehen.

1.2 Die Vorbereitungsphase optimal gestalten

Uli N. hat es fast geschafft...

Vielleicht kennen Sie Uli N., unseren Azubi, bereits aus den anderen Büchern Prüfungstraining Steuerlehre und Rechnungswesen. Uli steht nun am Ende seiner 3-jährigen Lehrzeit und hat die schriftliche Prüfung mit einem Durchschnitt von 1,5 bestanden. Mit so einem guten Ergebnis hatte er selbst nicht gerechnet und er freut sich daher besonders darüber.

Heute ist der große Tag der mündlichen Prüfung und Uli hat sich fest vorgenommen, sehr gut abzuschneiden.

Einer der Prüfer hat Uli zwei Aufgaben zur Auswahl gegeben. Uli erkennt auf Anhieb, dass er bei einer der Aufgaben viel Fachwissen mitbringt. Umsatzsteuer ist schließlich sein Lieblingsgebiet. Uli entscheidet sich für diese Aufgabe. Die andere legt er beiseite und würdigt sie keines Blickes mehr.

Zuerst atmet Uli tief ein und aus, um seine Nervosität abzubauen, nimmt sich einen Textmarker und liest seinen Aufgabentext, den er vorher nur kurz überfliegen konnte, aufmerksam durch. Uli achtet darauf, langsam zu lesen – die kurze Zeitvorgabe von 10 Minuten will ihn nämlich immer zu unguter Hektik treiben.

Während des Lesens streicht er wichtige Schlüsselbegriffe mit dem Textmarker an.

Hier sehen Sie Ulis Aufgabe. Die Prüfungskommission hat für ihn aufgrund seines Durchschnittes von 1,5 in der schriftlichen Prüfung eher anspruchsvolle Fragen ausgesucht, um ihm die Chance zu geben, seinen Endschnitt noch weiter Richtung Bestnote zu verbessern.

AUFGABE:

Die deutsche Unternehmerin Rosa Lilienthal betreibt in Passau (Bayern) einen Blumengroß- und Einzelhandel. Sie liefert sowohl an deutsche Blumengeschäfte und Privatkunden in der Umgebung, als auch in Einzelfällen ins benachbarte Tschechien. Seit einem Jahr beliefert sie mehrere Blumenboutiquen im benachbarten Österreich in größerem Umfang. Frau Lilienthal verfügt über eine deutsche USt-Identifikationsnummer, die sie bei innergemeinschaftlichen Geschäften grundsätzlich verwendet.

Sie bearbeiten die Buchhaltungsunterlagen für den Monat Mai. Dabei sind folgende Fälle zu beurteilen:

Fall 1:

Ausgangsrechnung vom 30.05. über 5.800,- € an die Blumenboutique Mozart (Unternehmer mit österreichischer USt-ID-Nr.) in Salzburg/Österreich für gelieferte Schnittblumen. Die Blumen wurden mit eigenem Lkw der Firma Lilienthal angeliefert.

Fall 2:

Ausgangsrechnung vom 24.05. über 360,- € an die private Kundin Ivana Vankova in Pilsen (Tschechien) für Hochzeitsblumenarrangements. Frau Vankova hat die Blumen in Passau abgeholt und gleich bar bezahlt. Wie vereinbart, schickt Frau Vankova die Ausfuhrbescheinigung zwei Tage später an Frau Lilienthal.

Fall 3:

Lieferung von Beerdigungskränzen an Familie Moser, Schärding (Österreich) für insgesamt 170,- €. Die Kränze wurden mit dem Firmen-Lkw ins Krematorium nach Schärding geliefert. Die Rechnung vom 30.05. wurde am 10.06. per Überweisung beglichen. ***PRIVATLEUTE!***

Frau Lilienthal hat die Lieferschwelle für Österreich überschritten.

Betrachten Sie die drei Fälle umsatzsteuerlich.

Wie sind die Ausgangsrechnungen zu buchen? (Kontenbezeichnungen reichen aus, Nummern nicht notwendig.)

Sehen Sie eine Auswirkung, wenn Frau Lilienthal die österreichische Lieferschwelle <u>nicht</u> überschritten hätte?

Die grau unterlegten Wörter hat sich Uli als Schlüsselbegriffe gekennzeichnet.

Sie erschließen den wichtigen Inhalt des Textes. Hier weisen sie auf wichtige Eigenschaften der Personen und Geschäftsfälle hin, die für die umsatzsteuerliche Beurteilung von Bedeutung sind.

Lerntipp: Wie Sie Aufgabentexte schnell und konzentriert erfassen

Nervosität kontrollieren!

In einer Prüfungssituation ist es völlig normal, dass Sie nervös sind und unter Stress stehen. Leider hat dieser Stress die unangenehme Nebenwirkung, konzentriertes Denken mehr oder weniger zu blockieren. Sie sind diesem Mechanismus jedoch nicht willenlos ausgeliefert, sondern können durch bestimmte körperliche Verhaltensweisen darauf Einfluss nehmen. Uli atmet zum Beispiel tief ein und aus und lässt beim Ausatmen die Anspannung bewusst los. Diese und andere Blitzentspannungsübungen sollten Sie bereits jetzt in der Prüfungsvorbereitung üben, auch wenn Sie dabei noch nicht total nervös sind.

Eine Blitzentspannungsübung und einen Literaturtipp zur Überwindung von Prüfungsangst finden Sie in Kapitel 3 auf Seite 153.

Konzentration bündeln!

Auch das ist Übungssache. Erlauben Sie Ihren Gedanken nicht, spazieren zu gehen. „Was werden die Prüfer für Leute sein?“ oder „Oje, und wenn ich nichts weiß...“. Richten Sie bewusst Ihre volle Aufmerksamkeit auf den Prüfungstext.

Haben Sie schon einmal einen Spitzensprinter in der Startsituation beobachtet? Die Augen fest auf das Ziel geheftet, jeder Muskel zur Höchstleistung bereit. Da bleibt keine Zeit für Gedanken an die Fans auf den Tribünen oder ob man vielleicht gleich den Startschuss verpasst und einen Fehlstart produziert...

Langsam lesen! Details erkennen!

Auch wenn Sie nur 10 Minuten Vorbereitungszeit haben, lesen Sie langsam, damit Sie die Details nicht übersehen. In diesen Details liegt meist das zu erkennende Problem der Aufgabenstellung.

Schlüsselbegriffe anstreichen, eventuell kurze Bemerkungen machen!

Die vorgenannten Details beinhalten die Schlüsselbegriffe. Haben Sie etwas Wichtiges erkannt, streichen Sie es sich an. Sie können auch kurze Bemerkungen machen, so wie Uli beim Fall 3 mit dem Wort „Privatleute“.

Uli hat den Text in etwa 3 Minuten gründlich durchgelesen und die Schlüsselbegriffe markiert.

Nun muss er in 7 Minuten die Fragen fachlich beantworten und alles in ein Vortragskonzept bringen. Uli hat sich schon vor der Prüfung ein Schema für den Vortrag ausgedacht, das er unabhängig von der Aufgabenstellung immer anwenden kann. So geht es bei der Prüfung jetzt schneller.

HIER SEHEN SIE SEINE NOTIZEN:

1. Fall vorstellen:

2. Antworten

Fall 1:

Lilienthal: steuerbare igL § 6a UStG gegen Entgelt, steuerfrei § 4 Nr. 1b

Empfänger ist Unternehmer, hat österr. USt-ID-Nr., Blumenboutique Mozart muss in Österreich igE versteuern.

Rechnung § 14a(1) Satz 1 + § 14a(2) UStG : Hinweis auf Steuerbefreiung + USt-Id-Nummern auf Rechnung erwähnen.

Vorsteuerabzug für Lilienthal bleibt erhalten § 15(3) Nr. 1 UStG

Forderungen L+L an Erlöse aus igL steuerfrei 5.800,- Euro

Fall 3:

Lieferung § 3(1) an bestimmte Abnehmer, Ort § 3c(1) am Ende der Versendung= Schärding/Österreich, nicht steuerbar im Inland sondern in Österreich

Abnehmer ist Privatperson § 3c(2) Nr. 1, Lieferschwelle überschritten

Forderungen L+L an Erlöse aus igL § 3c 170,- €

Wenn Lieferschwelle nicht überschritten, gilt § 3c(3), Ort nach § 3(6) bei Beginn der Versendung = in Passau = Inland = steuerbare und steuerpflichtige Lieferung § 1(1)Nr. 1, Entgelt § 10(1) netto 158,88 Euro, Steuersatz 12(2) mit Anlage Nr. 8 7% = abzuführende USt = 11,12 Euro.

Lilienthal könnte optieren § 3c(4), Bindung 2 Jahre, dann müsste sie Lieferungen nach § 3c in Österreich versteuern, auch wenn Lieferschwelle nicht überschritten.

wäre nicht sinnvoll, weil Steuersatz in Österreich höher

Fall 2:

Vankova ist ausländische Abnehmerin (Wohnort Pilsen in CR), Ausfuhrlieferung § 6(1)Satz 1 Nr. 2, steuerfrei § 4Nr. 1a, Ausfuhrbescheinigung liegt vor, § 9 UStDV beachten, (vorlesen) Hat Lilienthal gleich ohne USt berechnet? Wenn nicht, kann sie Frau Vankova den USt-Betrag noch erstatten.

Kasse an steuerfreie Ausfuhrlieferungen 360,- Euro

Lerntipp: Wie Sie ein Vortragskonzept aufbauen

Vortragsschema wählen:

Erinnern Sie sich an Ihre Schulzeit und das Thema Aufsatz? So ein Aufsatz hatte immer ein bestimmtes Schema: Einleitung, Hauptteil, Schluss. Mit einem Vortrag ist das im Prinzip auch so. Unabhängig von der Aufgabenstellung könnte ihr Vortrag so aussehen:

- **Einleitung: Fall vorstellen.**

Geben Sie in kurzen Worten den Inhalt des Falles wieder. Wenn Sie den Aufgabentext langsam gelesen und Wichtiges markiert haben, brauchen sie sich dafür keine extra Notizen zu machen. Sie wissen ja, worum es geht und haben das Aufgabenblatt in der Hand.

- **Hauptteil: Fragestellungen fachlich bearbeiten**

Hier sind Ihre Fachkenntnisse gefragt. Antworten Sie stichwortartig genau auf die Fragestellung. Möglicherweise können Sie manches etwas anders und übersichtlicher zusammenfassen. Uli hat zum Beispiel gleich zum jeweiligen Fall den Buchungssatz genannt und keinen gesonderten Punkt daraus gemacht. Begründen Sie wie bei der schriftlichen Prüfung auch mit den Steuergesetzen. Es wird nicht erwartet, dass Sie alle Absätze und Nummern auswendig herunterrasseln, aber die Hauptparagrafen sollten Sie zitieren können.

Präsentieren: ja oder nein?

Dieses Thema macht den Prüflingen erfahrungsgemäß viele Sorgen. Normalerweise verfügen Sie ja nicht über große Erfahrungen mit Overhead-Projektoren oder Flipcharts.

Sicher ist auf jeden Fall eine Tatsache: Ihr Vortrag wird vor allem fachlich beurteilt. Weiterhin ist die Sprache wichtig, derer Sie sich bedienen (siehe Seite 16). Wenn Sie beides gut gemeistert haben und sich dann außerdem noch zu einer kleinen Präsentation hinreißen lassen, setzen Sie dem ganzen ein Sahnehäubchen auf. Sie werden jedoch als Steuerfachangestellte geprüft, nicht als Moderator/innen.

Sprechen Sie im Vorfeld mit Ihrer Berufschul-Lehrkraft oder Kollegen, die die Prüfung im Jahrgang vor Ihnen gemacht haben, und fragen Sie, wie das Thema Präsentation von der Prüfungskommission Ihrer jeweiligen Kammer tatsächlich gehandhabt wird. Hier gilt mithin der Satz: es wird nicht alles so heiß gegessen, wie es gekocht wird.
Auch für die Präsentation könnten Sie sich im Vorfeld schon für ein Medium entscheiden und damit üben.
Wenn Sie zum Beispiel kein Freund des Overhead-Projektors sind, nehmen Sie lieber die Tafel oder Flipchart.

Extra Präsentationstipps finden Sie in diesem Kapitel auf Seite 18.

Notizen für Präsentation auswählen

Das ist die letzte Tat in der Vorbereitungsphase, nachdem Sie wirklich sicher sind, die fachlichen Fragen gut gelöst zu haben.

Überlegen Sie sich, welche Teile aus Ihrem Konzept sinnvoll zusammenhängen. Manchmal bietet es sich an, nur Rechenschritte oder Buchungssätze auszuwählen. Dafür gibt es leider kein Patentrezept. Kennzeichnen Sie diese Teile in Ihrem Konzept. Uli hat sich entschieden, nur die Buchungssätze an die Tafel zu schreiben, daher hat er sie mit Textmarker angestrichen.

1.3 Die Vortragsphase optimal gestalten

Der große Moment naht: Uli nimmt seine Unterlagen und folgt dem Prüfer in das Prüfungszimmer. Auf dem Weg dorthin kontrolliert er wiederum seine Nervosität, atmet tief und versucht, seine konzentrierte Stimmung beizubehalten.
Die Prüfungskommission besteht aus drei Personen. Uli ist froh, dort einen seiner Berufschullehrer anzutreffen.

Nun wollen wir als stille Beobachter bei Ulis Prüfungsgespräch mithören und ihm fest die Daumen drücken.

Vorsitzender Guten Tag, Herr N., nehmen Sie doch bitte Platz.

Uli Guten Tag, danke.

Vorsitzender Herr Weber ist selbständiger Steuerberater, Frau Lehmann angestellte Steuerfachwirtin und wir beide kennen uns ja schon länger aus dem Unterricht.
Bitte tragen Sie uns nun vor, was Sie zu Ihrer Aufgabe herausgefunden haben.

Uli (steht auf und geht zur Tafel) Ja, gerne. In meinem Fall geht es um die Mandantin Frau Lilienthal, die als Einzelunternehmerin in Passau einen Blumengroß- und Einzelhandel betreibt. Sie ist Unternehmerin im Sinne des § 2 UStG und verfügt über eine deutsche USt-ID-Nummer. Frau Lilienthal beliefert sowohl andere Unternehmer als auch Privatpersonen in Deutschland, im benachbarten Tschechien und in Österreich.

Zunächst habe ich drei verschiedene Geschäftsfälle aus dem Monat Mai umsatzsteuerlich zu beurteilen und zu buchen.

Im ersten Fall liefert Frau Lilienthal Schnittblumen an einen österreichischen Unternehmer. Sie weiß, dass es sich um einen Unternehmer handelt, weil er seine österreichische USt-ID-Nummer verwendet. Es handelt sich um eine steuerbare innergemeinschaftliche Lieferung nach § 6a UStG, die aber nach § 4 Nr. 1b für Frau Lilienthal steuerfrei ist. Der österreichische Erwerber muss einen innergemeinschaftlichen Erwerb in Österreich vesteuern. Frau Lilienthal muss in ihrer Rechnung einen Vermerk, dass die Lieferung steuerfrei ist und die USt-ID-Nummern hineinschreiben. Das steht in § 14a UStG.

Obwohl die Lieferung steuerfrei ist, bleibt der Vorsteuerabzug im Zusammenhang damit für Frau Lilienthal erhalten. § 15(3) Nr. 1 UStG.

(schreibt) Die Buchung lautet:

Forderungen aus L+L an Erlöse aus steuerfreien igL 5.800,-

Im zweiten Fall macht Frau Lilienthal eine Ausfuhrlieferung nach § 6(1) Satz 2, die nach § 4 Nr. 1a steuerfrei ist. Die Käuferin ist eine ausländische Abnehmerin, weil sie in der CR wohnt. Bei natürlichen Personen muss man den Wohnsitz betrachten. Es ist egal, ob der ausländische Abnehmer eine Privatperson oder ein Unternehmer ist. Wichtig ist, dass Frau Lilienthal die Ausfuhrbescheinigung in ihren Buchhaltungsunterlagen aufbewahrt. In § 9 UStDV steht, was sie außerdem beachten muss: zum Beispiel die genaue Anschrift des Abnehmers festhalten.

Vermutlich hat Frau Lilienthal die Rechnung gleich ohne USt gestellt, weil sie mit Frau Vankova vereinbart hat, dass sie ihr die Ausfuhrbescheinigung schickt. Sie bucht

(schreibt) Kasse an steuerfreie Ausfuhrlieferungen 360,-

Uli

Im dritten Sachverhalt liefert Frau Lilienthal an Privatpersonen im Gemeinschaftsgebiet. Es handelt sich um eine Lieferung gemäß § 3(1). Der Ort bestimmt sich in diesem Fall nach § 3c(1), wenn die anderen Merkmale in § 3c(2) erfüllt sind: also, der Abnehmer zum Beispiel eine Privatperson ist und die Lieferschwelle für das entsprechende Land überschritten ist. Das ist hier so.

Deshalb ist der Ort nach § 3c am Ende der Beförderung in Schärding, Österreich. In Deutschland ist es nicht steuerbar, weil das Tatbestandsmerkmal Inland aus dem § 1(1)Nr. 1 fehlt. Frau Lilienthal muss diese Lieferung in Österreich nach dortigem Recht versteuern. Die Buchung heißt:

(schreibt)

Forderungen aus L+L an

Erlöse aus Lieferungen an bestimmte Abnehmer § 3c UStG

170,- Euro

Wenn Frau Lilienthal die österreichische Erwerbschwelle nicht überschritten hätte, würde nach § 3c(3) der Ort mit § 3(6) zu bestimmen sein. Dann wäre es eine nach § 1(1)Nr. 1 steuerbare und steuerpflichtige Lieferung mit Ort in Passau. Das Entgelt wäre nach § 10(1) der Nettobetrag von 158,88 Euro und die abzuführende Steuer nach § 12(2) in Verbindung mit der Anlage zum UStG Nr. 8 mit 7% 11,12 Euro.

Frau Lilienthal könnte aber in diesem Fall nach § 3c(4) optieren. Das heißt, sie wird dann so behandelt, wie wenn sie die Erwerbschwelle überschritten hätte und müsste in Österreich versteuern.

Diese Option bindet einen für zwei Jahre. Das ist aber nur sinnvoll, wenn in dem Land, in dem man dann versteuert, der USt-Satz geringer ist als bei uns in Deutschland.

Ich glaube, das ist in Österreich nicht so. Dort sind die Steuersätze höher.

Das sind meine Ergebnisse.

Vorsitzender

Danke, Herr N. Bitte sagen Sie uns doch nocheinmal, welche Schwelle für Frau Lilienthal in Fall 3 wichtig ist.

Uli

Das ist die Lieferschwelle. Ach je, ich hab vorhin Erwerbschwelle gesagt, entschuldigung, da habe ich mich versprochen.

Vorsitzender

In Ordnung, das kann ja mal passieren. Aber können sie uns sagen, was es mit dieser Erwerbschwelle auf sich hat?

Uli (denkt erst kurz nach)

Ja. Die Erwerbschwelle ist wichtig, wenn man eine Lieferung an einen Halbunternehmer in einem anderen EU-Land beurteilen muss.

In § 3c (2) wird aufgezählt, um welche Personen es sich da handelt: zum Beispiel Kleinunternehmer, die nach den Vorschriften ihres Landes keine USt abführen müssen oder Unternehmer, die nur steuerfreie Umsätze ausführen oder Land- und Forstwirte mit Pauschalversteuerung.

Hat so ein Halbunternehmer die Erwerbschwelle überschritten, wird er behandelt, wie ein richtiger Unternehmer. Das heisst: er macht einen steuerpflichtigen innergemeinschaftlichen Erwerb und der Lieferer eine steuerfreie innergemeinschaftliche Lieferung.

Ist die Erwerbschwelle nicht überschritten, muss der Lieferer versteuern. Dann muss man wieder die Lieferschwelle betrachten, um zu entscheiden, in welchem Land der Lieferer den Umsatz versteuern muss.

Ach ja: der Erwerber kann auch optieren. Das steht im § 1a UStG. Dann wird er so behandelt, als hätte er die Erwerbschwelle überschritten. Er ist aber 2 Jahre an diese Option gebunden. Es steht nur die deutsche Erwerbschwelle im Gesetz. Die Erwerbschwellen für andere EU-Staaten stehen in der Steuerrichtlinie dazu. UStR 42j soweit ich weiß.

Vorsitzender

Ja, danke, Herr N.

Haben Sie noch Fragen? (er wendet sich an die anderen Prüfungskommissionsmitglieder)

Steuerberater

Was würde denn passieren, wenn die ausländische Abnehmerin aus Fall 2 die Ausfuhrbescheinigung nicht schickt, obwohl sie es versprochen hat. Frau Lilienthal hat die Rechnung doch scheinbar ohne USt geschrieben.

Uli

Dann müsste es als ganz normale steuerbare und steuerpflichtige Lieferung versteuert werden. Frau Lilienthal müsste die USt dann herausrechnen und abführen.

Eigentlich schreibt man doch die Rechnungen erst mal mit Steuer und erstattet sie dem Kunden erst dann, wenn die Ausfuhrbescheinigung vorliegt.

So habe ich das jedenfalls in der Kanzlei mitbekommen.

Steuerberater	Ja, da haben Sie gut aufgepasst. Das stimmt. Noch eine andere Frage. Wie sieht es bei der Steuerpflichtigen mit der Haftung aus?
Uli	Sie ist eine Einzelunternehmerin und haftet mit dem gesamten Vermögen, also auch mit dem Privatvermögen. Sie könnte aber eine GmbH gründen und damit die Haftung einschränken.
Steuerberater	Danke, Herr N. Ich habe keine Fragen mehr.
Vorsitzender	Ich auch nicht. Bitte warten Sie einen Moment draußen, bis wir uns besprochen haben.

Während Uli nun draußen auf dem Gang um seine Note bangt, haben wir Zeit, sein Prüfungsgespräch zu analysieren und wichtige Hinweise für uns herauszuarbeiten.

Lerntipp: Das sollten Sie beim Vortragen beachten

Fachausdrücke richtig verwenden

Die Prüfer achten darauf, dass Sie die Fachausdrücke richtig benennen und verwenden. Uli hat sich einmal in der Aufregung versprochen. Er hat „Erwerbschwelle“ statt „Lieferschwelle“ gesagt. Daher hat der Prüfer nochmals nachgefragt. Hier war deutlich, dass es sich um ein Versehen gehandelt hat.

Ich möchte Ihnen daher noch andere Beispiele geben. Ein Prüfling verwendet den Begriff „Werbekosten“ obwohl „Werbungskosten“ gemeint sind oder sagt statt „nicht steuerbar“ dauernd „steuerfrei“. Sollte er auch auf Nachfrage bei diesen Ausdrücken bleiben, hat das ziemlich negative Auswirkungen auf die Note.

Fazit: Bemühen Sie sich unbedingt um eine fachlich korrekte Ausdrucksweise.

Ich habe etwas Falsches gesagt. Was nun?

Die Prüfungskommission weiß, dass Sie unter Stress stehen. Sollten Sie während Ihres Vortrages merken, dass Sie etwas Falsches gesagt oder eine falsche Argumentationskette aufgebaut haben, machen Sie bitte auf keinen Fall weiter.

Zeigen Sie den Prüfern, dass Sie es bemerkt haben und fangen noch mal neu an. Uli hatte solch eine Situation in seinem Vortrag nicht zu bewältigen. Oder hat er es nur nicht gemerkt? Wie hoch ist der Steuersatz für Schnittblumen seit 2003?

Frei sprechen üben

Die meisten Menschen haben Angst, vor Fremden frei zu sprechen. Warum eigentlich? Man hat zum Beispiel Angst, fachlich etwas Falsches zu sagen (und damit für dumm gehalten zu werden), man hat Angst, im Vortrag stecken zu bleiben und nicht mehr weiter zu wissen. Kurz: es graust einen davor, sich zu blamieren. Deshalb vermeidet man tunlichst Situationen, in denen man etwas vortragen müsste.

Hier hilft auf jeden Fall eines: Übung! Egal, ob Sie alleine üben und Ihren Vortrag vielleicht sogar auf Cassette aufnehmen, oder ob Sie vor anderen sprechen: Sie gewöhnen sich daran, Ihre Stimme laut zu hören. Mit jedem Vortrag machen Sie Fortschritte, die Sicherheit wächst und damit baut sich die übermäßige Angst ab. Wenn Sie sich erst daran gewöhnt haben, frei zu sprechen, können Sie automatisch mehr Aufmerksamkeit auf den fachlichen Inhalt legen.

- Sprechen Sie laut und deutlich.
- Sprechen Sie nicht krampfhaft hochdeutsch, verschonen Sie die Zuhörer aber auch mit Spezialausdrücken Ihres örtlichen Dialektes.
- Sprechen Sie so, dass es Ihnen eher langsam vorkommt und machen Sie ruhig Pausen zwischen den Sätzen. Ich lege mir bei Vorträgen immer einen roten Zettel hin, auf dem "langsam!" steht.
- Schauen Sie Ihre Zuhörer beim Sprechen an. Wenn Sie von Ihrem Konzept ablesen, sollten Sie dazwischen immer mal aufschauen und den Augenkontakt zu den Zuhörern suchen.
- Wenn Sie ins Stocken geraten, stammeln Sie bitte nicht mit vielen „ähhhs" herum. Machen Sie eine kurze Pause und wiederholen den letzten Punkt nochmals. Meistens findet man dann den Anschluss wieder ohne dass die Zuhörer das Missgeschick bemerkt haben.
- Nachdem die Prüfer Ergänzungsfragen gestellt haben, müssen Sie nicht gleich wie aus der Pistole geschossen antworten. Lassen Sie sich ruhig eine kleine Denkpause. Uli hat in diesem Teil nicht mit vielen Paragrafen geantwortet, sondern mit eigenen Worten erklärt. Man hat richtig gemerkt, dass er den Sachverhalt wirklich verstanden hat.

Insgesamt hat sich Uli sehr gut und strukturiert ausgedrückt, das wird seine Note sicher positiv beeinflussen.

Nach einigen Minuten wird Uli nochmals in den Prüfungsraum gerufen. Die Prüfungskommissionsmitglieder gratulieren ihm und teilen ihm mit, dass er die Prüfung zum Steuerfachangestellten bestanden hat. Uli platzt natürlich fast vor Neugier, welche Note er erreicht hat und fragt nach.

Der Prüfungskommissionsvorsitzende lacht und sagt ihm, dass er die Prüfung mit dem Prädikat „sehr gut bestanden" abgeschlossen hat und ihm das Ergebnis in den nächsten Tagen schriftlich zugehen wird.

Herzlichen Glückwunsch, Uli!

Letzter Lerntipp: was man beim Präsentieren beachten sollte

Allgemein:

- Sprechen Sie zum Publikum, nicht zur Tafel oder zum Projektor
- Treten Sie auf die Seite und verdecken Sie das Geschriebene nicht
- Verwenden Sie ruhig unterschiedliche Farben, aber nicht mehr als vier verschiedene. Rot und Orange besser sparsam einsetzen

An der Tafel bzw. Flipchart:

- Schreiben Sie sauber und deutlich
- Schreiben Sie groß genug
- Teilen Sie den Platz sinnvoll ein

Mit dem Overhead Projektor:

- Üben sie vorher unbedingt den technischen Umgang mit dem Gerät
- Beschränken Sie sich bei der Folienerstellung auf das Wesentliche
- Strukturieren Sie klar
- Übersichtlicher wird es im Querformat. Faustregel: nicht mehr als 7 Zeilen pro Folie, nicht mehr als 7 Worte pro Zeile, dann stimmt Größe und Übersichtlichkeit fast automatisch
- Legen Sie zuerst die Folie auf und schalten dann den Projektor ein. Lassen Sie die Folie erst kurz wirken und fangen dann mit Ihrem Vortrag an

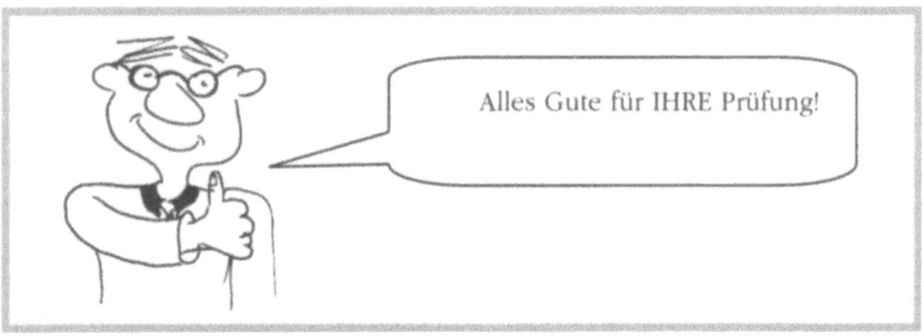

Übungsteil

2. Übungen

Nach den allgemeinen Hinweisen werden zwei typische Prüfungsaufgaben ausführlich gelöst und besprochen. Darauf folgt ein umfangreicher Übungsteil.

2.1 Hinweise zum Übungsteil

Die folgenden Aufgabenstellungen sind in zehn Themenbereiche gegliedert. Durch den fächerübergreifenden Charakter der Prüfung kann die Aufteilung nicht analog der drei schriftlichen Prüfungsfächer vorgenommen werden. Die Übungen sind daher immer einem Hauptaspekt zugeordnet, beinhalten aber meistens noch weitere Sachgebiete.

Als Orientierungshilfe wurden die Aufgaben in drei Schwierigkeitsstufen eingeteilt. Natürlich werden Aufgaben individuell unterschiedlich schwer empfunden. Die Einstufung ist aus Prüfersicht erfolgt und berücksichtigt die Komplexität der Aufgabe. Sie finden vor jeder Aufgabe das nebenstehende Symbol ergänzt mit Ziffer 1, 2 oder 3:

eher einfachere Aufgabenstellung	= 1
mittelschwere Aufgabenstellung	= 2
anspruchsvollere Aufgabenstellung	= 3

Es empfiehlt sich, zuerst mit einfacheren Sachverhalten zu beginnen. Lösungshinweise finden Sie im Internet unter www.gabler.de\dittrich .

Wichtig ist auch, dass Sie Ihren Zeitbedarf genau im Auge behalten.

Sie können sich zum Beispiel für die Vorbereitungsphase einen Kurzzeitwecker auf 10 Minuten stellen. Damit gewöhnen Sie sich an diese kurze Zeitspanne.

Beobachten Sie auch, wie lange Sie für Ihren Vortrag benötigen. Die verbleibende Zeit würde die Prüfungskommission mit Fragestellungen füllen.

2.2 Checkliste Prüfungstipps

Wenn Sie sich diese Seite kopieren, können Sie alle Tipps aus Kapitel 1 in kompakter Form bei der Bearbeitung der Aufgaben nutzen und beachten. Nach einiger Zeit werden Ihnen die Hinweise in Fleisch und Blut übergegangen sein und dieser „Spickzettel" wird überflüssig. Ergänzen Sie ihn ruhig mit Ihren eigenen Ideen.

Vorbereitungsphase:

Aufgabentexte schnell und konzentriert erfassen

- Nervosität kontrollieren, Konzentration bündeln
- Langsam lesen! Details erkennen
- Schlüsselbegriffe markieren, evtl. kurze Bemerkungen machen

Vortragskonzept aufbauen

- Einleitung: Fall vorstellen
- Hauptteil: Fragestellungen fachlich bearbeiten, angrenzende Themenbereiche bedenken
- Schlussbemerkung
- Notizen für Präsentation sinnvoll auswählen und markieren

Vortragsphase:

- Fachausdrücke korrekt verwenden
- Laut und deutlich, eher langsam sprechen, Sprechpausen machen
- Blickkontakt mit den Zuhörern suchen, zur Prüfungskommission hingewandt sprechen
- Bei Stocken: letzten Satz wiederholen, Denkpause machen
- Bei bemerkten Versprechern oder falschen Argumentationsketten: unterbrechen und richtig wiederholen

Präsentationstipps

- Saubere, deutliche Schrift, klare Struktur
- Groß genug schreiben, Platz sinnvoll einteilen
- Nicht mehr als vier Farben, rot und orange besser sparsam einsetzen
- Faustregel Folien: Querformat, nicht mehr als 7 Zeilen mit je 7 Begriffen
- Erst Folie auflegen, dann Gerät einschalten, kurz wirken lassen, dann sprechen

2.3 Prüfungsaufgaben mit Musterlösungen

Diese beiden Musteraufgaben verkörpern zwei verschiedene Arten von Aufgabenstellungen. Aufgabe 2.3.1 enthält eine eher offene Fragestellung und ermöglicht dem Prüfling, eigene Schwerpunkte zu setzen. Aufgabe 2.3.2 enthält sehr konkrete Fragestellungen mit wenig Spielraum für eigene Schwerpunktsetzungen.

2.3.1 Aufgabenbeispiel offene Fragestellung:

SACHVERHALT:

Ihre Mandantin Maria Berger hat im letzten Jahr ein älteres Mietwohngrundstück in
Berlin geerbt. Das Gebäude stand im Zeitpunkt der Erbschaft leer. Nach erfolgten 2
Renovierungsarbeiten steht nun die Gestaltung der Mietverträge im Rahmen der Neuvermietung an. Das Gebäude soll wie folgt genutzt werden:

EG: 180 qm hier will Frau Berger eine Modeboutique einrichten. Geschäftseröffnung soll am 1.9. sein,

1. OG links 90 qm wird an einen Steuerberater vermietet, der hier ab 1.6. seine Kanzlei einrichtet,

1. OG rechts 90 qm wird an einen Facharzt vermietet, Praxiseröffnung zum 1.6.,

2. OG 180 qm hier wird die Volkshochschule Berlin ab 1.9. eine Zweigstelle mit Schulungsräumen einrichten,

DG: 100 qm bewohnt Frau Berger bereits sei 1.5. privat.

Frau Berger hat mit allen Mietern vorläufig eine monatliche Kaltmiete von 15 Euro pro qm vereinbart. An Renovierungskosten (incl. USt) sind in diesem Jahr angefallen:

EG: 12.000,- Euro,

1.OG links: 15.000,- Euro,

1.OG rechts: 8.000,- Euro,

2. OG: 9.000,- Euro

DG: 13.000,- Euro.

In den Folgejahren will Frau Berger die Fassade renovieren und das Dach decken lassen.

Aufgabe:

Frau Berger fragt Sie, was steuerlich alles zu beachten ist. Die Mietverträge könnten noch nach neuen steuerlichen Erkenntnissen aus Ihrem Gespräch angepasst werden.

Bitte beraten Sie Frau Berger umfassend.

LÖSUNGSVORSCHLAG FÜR VORTRAG:

Zu beachten sind **umsatzsteuerliche** und **einkommensteuerliche** Gesichtspunkte.

USt: (alle genannten § UStG, wenn nicht anders angegeben)

Frau Bergers Vermietungsumsätze sind grundsätzlich sonstige Leistungen gem. § 3(9), Ort nach § 3a(2) Nr. 1a in Berlin, somit steuerbar gem. § 1(1)Nr.1, aber nach § 4 Nr. 12a steuerbefreit. Das UStG bietet aber mit § 9 eine Optionsmöglichkeit für Vermietungsumsätze an andere Unternehmer, die umsatzsteuerpflichtige Umsätze ausführen. Das bedeutet: in diesem Fall werden die Mieteinnahmen als steuerpflichtige Umsätze behandelt und die USt abgeführt. Die damit in Zusammenhang stehende Vorsteuer darf geltend gemacht werden. Die Option kann günstig sein, wenn viele Vorsteuern anfallen. Das ist durch die Renovierungsarbeiten der Fall.

Frau Berger könnte für die Vermietung an den Steuerberater im 1. OG links optieren, weil der Steuerberater keine steuerbefreiten Umsätze ausführt.

Für das 1. OG rechts ist eine Option nicht möglich, weil ein Arzt steuerfreie Umsätze gem. § 4 Nr. 14 ausführt. Auch für das 2. OG, das an die VHS vermietet ist, kann nicht optiert werden, weil die VHS als Bildungsinstitut gem. § 4 Nr. 21a umsatzsteuerbefreit ist. Für die eigene Wohnung ist ebenfalls keine Option möglich.

Für das eigenbetrieblich genutzte EG kommt Vorsteuerabzug insoweit in Betracht, als Frau Berger nicht als Kleinunternehmerin gem. § 19 UStG behandelt wird. Als Kleinunternehmerin würde sie keine USt abführen und im Gegenzug keine Vorsteuern geltend machen, solange ihr Vorjahresumsatz 16.620,- Euro und der Umsatz des laufenden Kalenderjahres 50.000,- Euro nicht übersteigt.

Aber auch hier könnte sie gem. § 19(2) optieren und die Regelbesteuerung wählen mit der Folge, dass sie auch Vorsteuern geltend machen kann. Um Frau Berger für ihre gewerbliche Tätigkeit zu beraten, müsste man noch weitere Einzelheiten über ihre Planzahlen erfragen.

Optiert Frau Berger für die Vermietung an den Steuerberater, müsste der Mietvertrag auf

90 qm x 15,- Euro = 1.350,- Euro + 16% USt = 216,- Euro
= Zahlungsbetrag monatlich 1.566,- Euro lauten.

Der Mieter kann die USt seinerseits als Vorsteuer geltend machen.

Bei den anderen Mietverträgen ist keine USt in Rechnung zu stellen, d.h.:

Miete für Arzt: 90 qm x 15,- Euro = 1.350,- Euro,

Miete für VHS: 180 qm x 15,- Euro = 2.700,- Euro.

ESt:

Für den vermieteten Teil des Hauses sind die Einkünfte nach § 21 EStG zu ermitteln. Von den Mieteinnahmen sind die auf diesen Teil entfallenden Renovierungskosten als Werbungskosten abzusetzen.

Weiterhin ist eine Abschreibung für das Gebäude anteilig als Werbungskosten anzusetzen. Dafür müsste man wissen, wie alt das Gebäude ist und mit welchem Restwert es noch zu Buche steht. In Frage kommt nur die AfA gem. § 7(4) estg.

Anmerkung:

Bei diesem Lösungsvorschlag wurde besonders auf die Option gem. § 9 UStG eingegangen. Man könnte aber auch noch weitergehende Informationen über den Kleinunternehmer § 19 UStG oder die einkommensteuerlichen Regelungen des § 21 und der Abschreibungen in § 7 geben. Weiterhin wäre es möglich, sein Wissen über die Gestaltung von Mietverträgen anzubringen oder Zahlen für die Anlage V+V zu ermitteln.

Für die Präsentation könnte man zum Beispiel das Gebäude aufzeichnen und die wichtigsten Sachverhalte festhalten. Hier würde sich eine Overhead-Präsentation mit bereits fertig erstellter Folie anbieten. Allerdings ist das in den 10 Minuten Vorbereitungszeit nur für Geübte machbar. Auf der nächsten Seite finden Sie ein Gestaltungsbeispiel. Sie könnten mit Farben arbeiten – mir ist es in diesem Buch leider nicht möglich.

Mietwohngrundstück Frau Berger

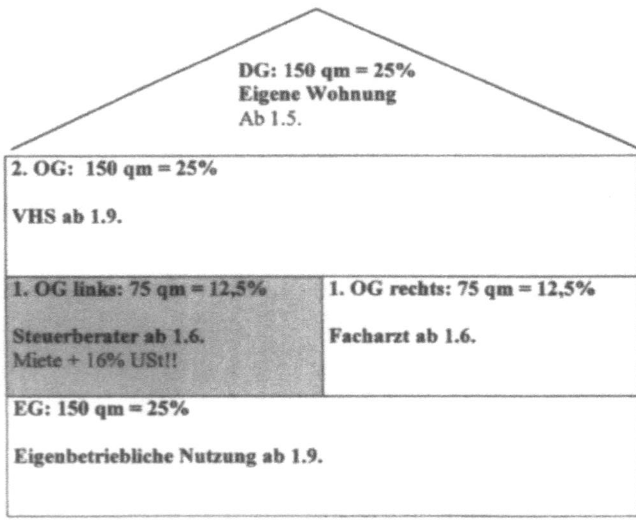

Gesamt 600 qm = 100%

USt+Option § 9	VorSt-Abzug
nicht möglich unentgeltl. SoLei § 3(9a)Nr. 1 steuerfrei § 4 Nr. 12a	**nicht möglich**
nicht möglich SoLei § 3(9), stfrei § 4Nr. 12a VHS führt steuerfreie Umsätze gem. § 4 Nr. 21 aus	**nicht möglich**
1.OG links Option möglich Steuerberater führt stpfl. Umsätze aus	**möglich**
1. OG rechts nicht möglich Facharzt führt steuerfreie Umsätze gem. § 4 Nr. 14 aus	**nicht möglich**
Innenumsatz, nicht steuerbar **Keine Option möglich**	**evtl. möglich** wenn nicht Kleinunternehmer § 19 UStG !!!

2.3.2 Aufgabenbeispiel konkrete Fragestellung

SACHVERHALT:

Die Steuerpflichtigen Susanne und Hermann Schmitt bringen wie jedes Jahr ihre Unterlagen zur Bearbeitung der Einkommensteuererklärung des Vorjahres zu Ihnen in die Kanzlei. 2

Hermann Schmitt ist als Angestellter einer Bank tätig. Sein Bruttolohn beträgt lt. Lohnsteuerkarte 35.000,- Euro. Er arbeitete im Vorjahr an 236 Tagen und fuhr mit dem eigenen Pkw täglich zur 25 km entfernten Arbeitstelle. Er legt weiterhin folgende Belege vor, die alle ordnungsgemäß sind:

Gewerkschaftsbeiträge : 150,- Euro

Fachbücher: 75,- Euro

Rechtschutzversicherung: 65,- Euro

Herr Schmitt bildet sich nebenberuflich zum Bank-Betriebswirt weiter. Dafür sind ihm 1.500,- Euro an Kosten entstanden. Er erhofft sich nach erfolgreichem Abschluss eine verantwortungsvollere und besser dotierte Stellung in einer anderen Bank. Sein Arbeitgeber hat ihm keinerlei Kosten ersetzt. Der Arbeitnehmeranteil zur Sozialversicherung betrug 6.755,- Euro.

Frau Susanne Schmitt arbeitet stundenweise als Friseuse. Ihr Arbeitslohn gem. § 40a(2) EStG betrug 3.360,- Euro. Sie fuhr an 138 Tagen mit dem Fahrrad zur 4 km entfernten Arbeitsstelle.

Frau Schmitt plant, wieder als Vollzeitkraft zu arbeiten, sobald die Kinder älter sind. Um ihre Situation auf dem Arbeitsmarkt zu verbessern, absolviert sie eine Ausbildung zur Kosmetikerin. Für Kursgebühren und Fahrtkosten hat sie im Vorjahr 800,- Euro aufgewendet.

Die Eheleute haben folgende Versicherungsbeiträge bezahlt:

Kfz- Versicherung: 350,- Euro (davon 150,- Euro Haftpflicht, 200,- Euro Teilkasko)

Lebensversicherung: 900,- Euro

Hausratversicherung: 85,- Euro

Reisekrankenversicherung für Auslandsreisen: 25,- Euro

Weitere beschränkt abzugsfähige Sonderausgaben sind nicht vorhanden, beide Eheleute gehören auch keiner Religionsgemeinschaft an.

Ihre Kinder, die Zwillinge Viktoria und Sofia, waren im Vorjahr 12 Jahre alt und besuchten das Gymnasium. Für beide Kinder wurde das volle Kindergeld gezahlt.

Aufgabe:

Berechnen Sie übersichtlich das zu versteuernde Einkommen der Eheleute Schmitt.

Welche Veranlagungsformen sind möglich? Welche wählen Sie und warum?

LÖSUNGSVORSCHLAG:

Ermittlung des zu versteuernden Einkommens § 2 EStG:

Bruttoarbeitslohn			35.000,-
./.Werbungskosten			
Fahrtkosten Wohnung/Arbeit § 9(1) Nr. 4 EStG			
236 T x 10 km x 0,36 EUR =	849,60		
236 T x 15 km x 0,40 EUR =	1.416,--	2.265,60	
Gewerkschaftsbeitrag § 9(1) Nr. 3		150,--	
Fachbücher § 9(1) Nr. 6		75,--	
Kosten f. Betriebswirt-Studium § 9(1) EStG		1.500,--	-3.991,-
(Rechtschutzversicherung nicht absetzbar)			
=Einkünfte § 19 EStG Ehemann:			**31.009,-**

Lohn Frau Schmitt = durch Pauschalversteuerung § 40a EStG bereits abgegolten, keine Einkünfte anzusetzen

=Summe der Einkünfte/Gesamtbetrag der Einkünfte	**31.009,-**

Sonderausgaben/ Vorsorgeaufwendungen § 10(3) EStG

AN-Anteil SV	6.755,--		
KFZ-Haftpflicht (Kasko nicht ansetzbar)	150,--		
Reisekrankenversicherung	25,--		
Lebensversicherung	900,--	7.830,-	
Vorweg abzugsfähig § 10(3)Nr.2 EStG =	6.136,-		
Kürzung 16% v. 35.000,-	5.600,-	536,--	536,--
		7.294,--	
1. Grundhöchstbetrag		2.668,--	2.668,--
		4.626,-	
davon 50%		2.313,-	
aber maximal abziehbar			1.334,--
absetzbare Vorsorgeaufwendungen			**- 4.538,--**
Zwischensumme			26.471,-

Übertrag	**26.471,-**
weitere Sonderausgaben	
§ 10(1) Nr. 7 Ausbildung Kosmetikerin	
= nicht ausgeübter Beruf	
max. 920,- Euro abzugsfähig, tatsächlich geleistet	- 800,-
zu versteuerndes Einkommen	**25.671,-**

Steuer lt. Splittingtabelle = 2.600,--

In dieser Einkommensklasse wirken sich die Kinderfreibeträge und die beiden Betreuungsfreibeträge § 32(6) EStG

2x 3.648,-	= 7.296,-
2x 21.60,-	= 4.320,-
	11.616,-

nur in Höhe von 2.600,- steuermindernd aus.

Das gezahlte Kindergeld ist mit 154,- Euro x 2 Kinder x 12 Monate = 3.696,- Euro günstiger.

Mögliche Veranlagungsformen:

Zusammenveranlagung gem. § 26b EStG mit Versteuerung nach Splittingtabelle (siehe oben)

Getrennte Veranlagung gem. § 26a EStG auf Antrag möglich, Versteuerung nach der Grundtabelle.

Günstiger ist die Zusammenveranlagung, weil die Ehefrau keine eigenen Einkünfte hat. Bei der Zusammenveranlagung wird die Einkommensteuerschuld nach der Splittingtabelle folgendernmaßen berechnet:

Zu versteuerndes Einkommen: 2 = Ergebnis, Anwendung der Grundtabelle = Steuerbetrag x 2 Einkommensteuerschuld.

Durch diese Besonderheit der Splittingtabelle wird die Progression (= steigender Steuersatz mit steigendem Einkommen) gemildert.

Bei der getrennten Veranlagung würden sich die Weiterbildungskosten der Ehefrau steuerlich nicht auswirken. Die absetzbaren abzugsfähigen Sonderausgaben beim Ehemann würden sich mit maximal 2.001,00 Euro auswirken. Bei der Zusammenveranlagung wird dieser Betrag verdoppelt § 10(3) Nr. 2 EStG.

Anmerkungen:

Die konkrete Fragestellung lässt kaum Ausweichen in andere Sachgebiete zu.

Für die Präsentation könnte man das Berechnungsschema des zu versteuernden Einkommens an der Tafel entwickeln oder farbig auf eine Folie für den Overhead-Projektor schreiben.

Das Entwickeln an der Tafel vor der Prüfungskommission halte ich für schwieriger, weil man gleichzeitig schreiben und zum Publikum sprechen soll.

Eine Folie kann man auflegen und das Ergebnis Schritt für Schritt aufdecken. Das haben Sie bestimmt schon einmal bei Ihrer Lehrkraft erlebt. Der Vorteil dabei ist, dass man sich nicht dauernd umdrehen muss, das Ergebnis schon vor sich hat und mehr darauf achten kann, was man redet.

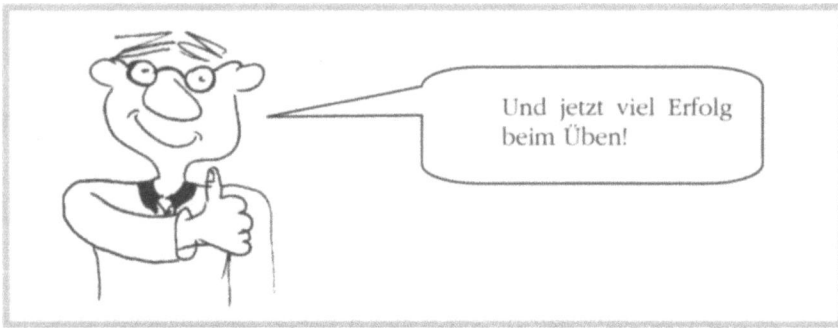

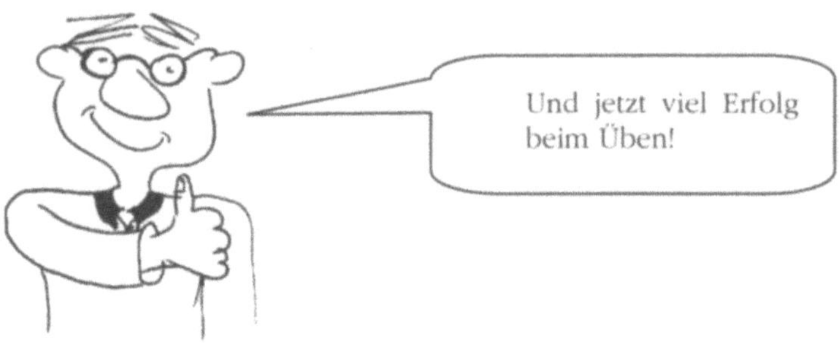

2.4 Themenbereich USt Sachverhalte + Berechnungen

2.4.1 USt-Voranmeldung, steuerliche Nebenleistungen

SACHVERHALT

Ihr Mandant Bäckermeister Michael Brezelheimer möchte gerne wissen, wie die Zahlen in der Umsatzsteuervoranmeldung grundsätzlich zustande kommen. 1

Er hat vergessen, die Umsatzsteuervoranmeldung Juni rechtzeitig abzugeben, weil er durch einen hohen Krankenstand im Betrieb völlig überlastet war. Auch die Zahlung erfolgte statt am 15.08 erst am 26.09. Das Finanzamt setzte daraufhin Verspätungszuschläge in Höhe von 25,- Euro und Säumniszuschläge in Höhe von 30,- Euro fest. Diese Beträge wurden mit dem Guthaben aus der Umsatzsteuervoranmeldung Juli verrechnet. Bisher hatte er seine Voranmeldungen immer pünktlich abgegeben und die Vorauszahlungen fristgerecht überwiesen.

Aufgabe:

Erklären Sie Ihrem Mandanten bitte das Zustandekommen der Werte in der Umsatzsteuervoranmeldung anhand des vorliegenden Formulars.

Herr Brezelheimer fühlt sich ungerecht behandelt, schließlich kann jeder einmal etwas vergessen. Er bittet Sie, etwas gegen die Festsetzung der Verspätungs- und Säumniszuschläge zu unternehmen. Welche Maßnahmen ergreifen Sie?

- Bitte weiße Felder ausfüllen oder ☒ankreuzen, Anleitung beachten -

2003

Fallart	Steuernummer	Unter-fallart
11	111 /99999	56

Finanzamt

99999 Musterstadt

Unternehmer – ggf. abweichende Firmenbezeichnung – Anschrift – Telefon

Bäckermeister
Michael Brezelheimer
99999 Musterstadt

30 Eingangsstempel oder -datum

Umsatzsteuer-Voranmeldung 2003

Voranmeldungszeitraum

bei monatlicher Abgabe bitte ankreuzen / bei vierteljährlicher Abgabe bitte ankreuzen

03 01	Jan.		03 07	Juli		03 41	I. Kalendervierteljahr	
03 02	Feb.		03 08	Aug.		03 42	II. Kalendervierteljahr	
03 03	März		03 09	Sept.		03 43	III. Kalendervierteljahr	
03 04	April		03 10	Okt.		03 44	IV. Kalendervierteljahr	
03 05	Mai		03 11	Nov.				
03 06	Juni	X	03 12	Dez.				

Berichtigte Anmeldung (falls ja, bitte eine „1" eintragen) 10

I. Anmeldung der Umsatzsteuer-Vorauszahlung

	Kz	Bemessungsgrundlage ohne Umsatzsteuer volle EUR	Kz	Steuer EUR	Ct
Lieferungen und sonstige Leistungen (einschließlich unentgeltlicher Wertabgaben)					
Steuerfreie Umsätze mit Vorsteuerabzug					
Innergemeinschaftliche Lieferungen (§ 4 Nr. 1 Buchst. b UStG) an Abnehmer mit USt-IdNr.	41				
neuer Fahrzeuge an Abnehmer ohne USt-IdNr.	44				
neuer Fahrzeuge außerhalb eines Unternehmens (§ 2a UStG)	49				
Weitere steuerfreie Umsätze mit Vorsteuerabzug (z.B. Ausfuhrlieferungen, Umsätze nach § 4 Nr. 2 bis 7 UStG)	43				
Steuerfreie Umsätze ohne Vorsteuerabzug Umsätze nach § 4 Nr. 8 bis 28 UStG	48				
Steuerpflichtige Umsätze (Lieferungen und sonstige Leistungen einschl. unentgeltlicher Wertabgaben)					
zum Steuersatz von 16 v.H.	51	8.720		1.395	20
zum Steuersatz von 7 v.H.	86	21.242		1.486	94
Umsätze, die anderen Steuersätzen unterliegen	35		36		
Umsätze land- und forstwirtschaftlicher Betriebe nach § 24 UStG					
Lieferungen in das übrige Gemeinschaftsgebiet an Abnehmer mit USt-IdNr.	77				
Umsätze, für die eine Steuer nach § 24 UStG zu entrichten ist (Sägewerkserzeugnisse, Getränke und alkohol. Flüssigkeiten, z.B. Wein)	76		80		
Innergemeinschaftliche Erwerbe					
Steuerfreie innergemeinschaftliche Erwerbe Erwerbe nach § 4b UStG	91				
Steuerpflichtige innergemeinschaftliche Erwerbe					
zum Steuersatz von 16 v.H.	97				
zum Steuersatz von 7 v.H.	93				
zu anderen Steuersätzen	95		98		
neuer Fahrzeuge von Lieferern ohne USt-IdNr. zum allgemeinen Steuersatz	94		96		
Lieferungen des ersten Abnehmers (§ 25b Abs. 2 UStG) bei **innergemeinschaftlichen Dreiecksgeschäften**	42				
Übertrag		zu übertragen in Zeile 45		2882	14

USt 1 A – Umsatzsteuer-Voranmeldung 2003 –

	Kz	Bemessungsgrundlage ohne Umsatzsteuer volle EUR	Kz	Steuer EUR	Ct
Übertrag				2882	14
Umsätze, für die der Leistungsempfänger die Steuer nach § 13b Abs. 2 UStG schuldet (ggf. unter Anrechnung nach § 27 Abs. 4 UStG)					
zum Steuersatz von 16 v.H.	54				
zum Steuersatz von 7 v.H.	55				
zu anderen Steuersätzen	57		58		
Nicht steuerbare Umsätze	45				
Steuer infolge Wechsels der Besteuerungsart/-form sowie Nachsteuer auf versteuerte Anzahlungen wegen Steuersatzerhöhung			65		
Umsatzsteuer				2.882	14
Abziehbare Vorsteuerbeträge					
Vorsteuerbeträge aus Rechnungen von anderen Unternehmern (§ 15 Abs. 1 Satz 1 Nr. 1 UStG) und aus innergemeinschaftlichen Dreiecksgeschäften (§ 25b Abs. 5 UStG)			66	1.342	12
Vorsteuerbeträge aus dem innergemeinschaftlichen Erwerb von Gegenständen (§ 15 Abs. 1 Satz 1 Nr. 3 UStG)			61		
Entrichtete Einfuhrumsatzsteuer (§ 15 Abs. 1 Satz 1 Nr. 2 UStG)			62	15	22
Vorsteuerbeträge aus Leistungen im Sinne des § 13b Abs. 1 UStG (§ 15 Abs. 1 Satz 1 Nr. 4 UStG)			67		
Vorsteuerbeträge, die nach allgemeinen Durchschnittsätzen berechnet sind (§§ 23 und 23a UStG)			63		
Berichtigung des Vorsteuerabzugs (§ 15a UStG)			64		
Vorsteuerabzug für innergemeinschaftliche Lieferungen neuer Fahrzeuge außerhalb eines Unternehmens (§ 2a UStG) sowie von Kleinunternehmern im Sinne des § 19 Abs. 1 UStG (§ 15 Abs. 4a UStG)			59		
Verbleibender Betrag				1.524	80
Steuerbeträge, die vom letzten Abnehmer eines innergemeinschaftlichen Dreiecksgeschäfts geschuldet werden (§ 25b Abs. 2 UStG), in Rechnungen unberechtigt ausgewiesene Steuerbeträge (§ 14 Abs. 2 und 3 UStG) sowie Steuerbeträge, die nach § 6a Abs. 4 Satz 2 oder § 17 Abs. 1 Satz 2 UStG geschuldet werden			69		
Umsatzsteuer-Vorauszahlung/Überschuss				1.524	80
Anrechnung (Abzug) der festgesetzten **Sondervorauszahlung** für Dauerfristverlängerung (nur auszufüllen in der letzten Voranmeldung des Besteuerungszeitraums, in der Regel Dezember)			39		
Verbleibende Umsatzsteuer-Vorauszahlung (bitte in jedem Fall ausfüllen) / **Verbleibender Überschuss** - bitte dem Betrag ein Minuszeichen voranstellen -			83	1.524	80

II. Sonstige Angaben und Unterschrift

Ein Erstattungsbetrag wird auf das dem Finanzamt benannte Konto überwiesen, soweit der Betrag nicht mit Steuerschulden verrechnet wird.

Verrechnung des Erstattungsbetrages erwünscht / Erstattungsbetrag ist abgetreten. (falls ja, bitte eine „1" eintragen) — 29

Geben Sie bitte die Verrechnungswünsche auf einem besonderen Blatt an oder auf dem beim Finanzamt erhältlichen Vordruck „Verrechnungsantrag".

Die **Einzugsermächtigung** wird ausnahmsweise (z.B. wegen Verrechnungswünschen) für diesen Voranmeldungszeitraum **widerrufen** (falls ja, bitte eine „1" eintragen) — 26

Ein ggf. verbleibender Restbetrag ist gesondert zu entrichten.

Hinweis nach den Vorschriften der Datenschutzgesetze:
Die mit der Steueranmeldung angeforderten Daten werden auf Grund der §§ 149 ff. der Abgabenordnung und der §§ 18, 18b des Umsatzsteuergesetzes erhoben.
Die Angabe der Telefonnummern ist freiwillig.

Bei der Anfertigung dieser Steueranmeldung hat mitgewirkt:
(Name, Anschrift, Telefon)

Ich versichere, die Angaben in dieser Steueranmeldung wahrheitsgemäß nach bestem Wissen und Gewissen gemacht zu haben.

Datum, Unterschrift

- nur vom Finanzamt auszufüllen -

11 | 19 | 12

Bearbeitungshinweis

1. Die aufgeführten Daten sind mit Hilfe des geprüften und genehmigten Programms sowie ggf. unter Berücksichtigung der gespeicherten Daten maschinell zu verarbeiten.
2. Die weitere Bearbeitung richtet sich nach den Ergebnissen der maschinellen Verarbeitung.

Datum, Namenszeichen

Kontrollzahl und/oder Datenerfassungsvermerk

2.4.2 Unentgeltliche Sonstige Leistungen

SACHVERHALT.

Wilhelm Krösus, Komplementär der Firma Wohn- und Industriebau Krösus KG, besitzt
3 ein Grundstück an einem nahegelegenen See. Dort ließ er durch Arbeitnehmer der KG ein luxuriöses Sommerhaus errichten. Dieses Haus nutzt er in der Freizeit ab und zu mit seiner Familie. Er bringt dort auch seine geschäftlichen Besucher unter und veranstaltet auf dem Grundstück Sommerfeste mit der Belegschaft und Geschäftsfreunden.

Herr Krösus betrachtet den gesamten Vorgang als betrieblich bedingt. Daher sind bisher keine Buchungen vorgenommen worden.

Im Materialeinkauf sind 150.000,- Euro (ohne Vorsteuer) enthalten, die auf den Bau des Sommerhauses entfallen.

Lt. Stundennachweisen wurden dieses Jahr insgesamt 4.800 Stunden von seinen Mitarbeitern an Hausbau und Grundstück gearbeitet. Eine Arbeitstunde kann lt. Kostenrechnung durchschnittlich mit 32,- Euro bewertet werden.

Aufgabe:

Gehen Sie anhand der Steuergesetze auf den Sachverhalt ein.

Was muss im Jahresabschluss noch gebucht werden?

Herr Krösus fragt Sie, ob man diesen Sachverhalt unbedingt im Abschluss ausweisen muss. Man könnte es doch weglassen und vielleicht würde es der Betriebsprüfer auch nicht bemerken. Worauf sollten Sie ihn hinweisen?

2.4.3 Umsatzsteuer eines Existenzgründers

SACHVERHALT:

Herr Harald Gollner möchte sich im Rahmen der neuen Existenzgründungsförderung 2
des Bundes mit einem Handwerkerservice selbstständig machen. Herr Gollner ist gelernter Gas- und Wasserinstallateur mit langjähriger Erfahrung. Leider musste sein Arbeitgeber im Vorjahr Insolvenz anmelden und so wurde er arbeitslos. Aufgrund seiner langjährigen Erfahrung hat Herr Gollner eine Ausnahmegenehmigung der Handwerkskammer erhalten, die ihm die Ausführung diverser handwerklicher Tätigkeiten auch ohne Meisterbrief ermöglicht.

Herr Gollner hat bereits in der Existenzgründerberatung grundlegende Informationen erhalten und kommt nun zu Ihnen in die Kanzlei, um sich umfassend beraten zu lassen.

Aufgabe:

Herr Gollner hat für sich kalkuliert, dass er zu einem Stundensatz von 25,- Euro arbeiten wird. Ein zukünftiger Auftraggeber will von ihm wissen, ob das „brutto“ oder „netto“ sei. Herr Gollner bittet Sie, mit ihm zusammen ein Rechnungsformular auf dem mitgebrachten Briefbogen zu entwickeln, das den gesetzlichen Anforderungen entspricht.

Herrn Gollner interessiert auch, wie er seine Buchführung machen muss und wie der Ablauf am Jahresende wegen des Abschlusses sein wird.

Harald Gollner
Ihr Handwerker für Gas – Wasser -Heizung

Hauptstr. 2   99999 Berghausen

Telefon 09991/310-12 0171/85431

Telefax 09991/310-13

Email: gollner@hwnet.de

2.4.4 Geschäftsfahrzeug USt + ESt + Fahrtenbuch

SACHVERHALT:

Ihr Mandant, der selbstständige Handelsvertreter Björn Bauer, hat sich zum 1.1. die- 2
sen Jahres einen neuen Pkw angeschafft. Herr Bauer hat von einem Geschäftsfreund erfahren, dass man keine private Nutzung versteuern muss, wenn der private Anteil sehr gering ist.

Bei seinem vorherigen Fahrzeug (Altfahrzeug) haben Sie immer die 1%-Methode angewendet.

Herr Bauer erklärt Ihnen, dass er seinen neuen Pkw so gut wie gar nicht privat nutzt. Seine Frau fährt für private Zwecke einen Zweitwagen, für Urlaubsreisen besitzt die Familie Bauer ein kleines Wohnmobil.

Aufgabe:

Erklären Sie Herrn Bauer die einkommen- und umsatzsteuerlichen Konsequenzen anhand der gesetzlichen Vorschriften.

Weisen Sie ihn bitte darauf hin, wie er das Fahrtenbuch ordnungsgemäß zu führen hat.

Datum	Fahrzeit von – bis	Reiseroute und Ziel	Zweck der Fahrt	Besuchte Personen, Firmen, Behörden	km-Stand Fahrtbeginn	Gefahrene km gesch.	Wohn./Arbeit	privat	km-Stand Fahrtende	Kraftstoff Ltr.	Betrag	Ltr. je 100 km	Sonstiges Betrag	Name des Fahrers

2.4.5 Versandhandelsgeschäfte

SACHVERHALT:

Frau Rosemarie Blumberger aus München stellt im eigenen Labor hochwertige Naturkosmetik her. Ihre Produkte sind als Geheimtipp über die deutsche Grenze hinaus bekannt. Frau Blumberger hat daher Kataloge erstellt und versendet die Waren nun auch innerhalb Deutschlands und ins Ausland.

Für Geschäfte innerhalb der EU hat sie sich eine USt-ID-Nummer zuteilen lassen. Sie versteuert Ihre Umsätze nach vereinbarten Entgelten zum Regelsteuersatz.

Frau Blumberger möchte umsatzsteuerlich alles richtig machen und kommt daher zu einer Beratung in Ihre Kanzlei.

Dieses Jahr werden Ihre Umsätze in etwa betragen:

innerhalb Deutschlands	145.000,00 Euro
an Privatkunden in Österreich	105.000,00 Euro
an Privatkunden in der Schweiz	25.000,00 Euro
an Privatkunden in Luxemburg	35.000,00 Euro

an Wiederverkäufer (= Unternehmer mir USt-ID-Nummer) in Österreich 12.000,00 Euro

Aufgabe:

Wie sind die Umsätze umsatzsteuerlich zu beurteilen? Welche Auswirkung hat das auf die Rechnungsstellung?

Beraten Sie Frau Blumberger hinsichtlich ihrer Gestaltungsmöglichkeiten und nehmen Sie den nachfolgenden Ausschnitt aus den UStR zur Hilfe.

42 j Ort der Lieferung bei innergemeinschaftlichen Beförderungs- und Versendungslieferungen an bestimmte Abnehmer (§ 3c UStG) (Ausschnitte)

(1) § 3 c UStG regelt den Lieferungsort für die Fälle, in denen der Lieferer Gegenstände – ausgenommen neue Fahrzeuge im Sinne von § 1b Abs. 2 und 3 UStG – in einen anderen EG-Mitgliedstaat befördert oder versendet und der Abnehmer einen innergemeinschaftlichen Erwerb nicht zu versteuern hat.

Abweichend von § 3 Abs. 6 – 8 UStG ist die Lieferung danach in dem EG-Mitgliedstaat als ausgeführt zu behandeln, in dem die Beförderung oder Versendung des Gegenstandes endet, wenn der Lieferer die maßgebende Lieferschwelle überschreitet oder auf deren Anwendung verzichtet. Maßgeblich ist, dass der liefernde Unternehmer die Beförderung oder Versendung veranlasst haben muss.

(2) Zu dem in § 3c Abs. 2 Nr. 1 genannten Abnehmerkreis gehören insbesondere Privatpersonen. Die in § 3c Abs. 2 Nr. 2 bezeichneten Abnehmer sind im Inland mit dem Erwerberkreis identisch, der nach § 1a Abs. 3 UStG die tatbestandsmäßigen Voraussetzungen des innergemeinschaftlichen Erwerbs nicht erfüllt und nicht für die Erwerbsbesteuerung optiert hat.

Bei Beförderungs- oder Versendungslieferungen in das übrige Gemeinschaftsgebiet ist der Abnehmerkreis – unter Berücksichtigung der von dem jeweiligen EG-Mitgliedstaat festgesetzten Erwerbschwelle – entsprechend abzugrenzen. Die Erwerbschwellen in den anderen EG-Mitgliedstaaten betragen: (Ausschnitt)

- Belgien 11.200,00 Euro
- Dänemark 80.000,00 DKK
- Luxemburg 10.000,00 Euro
- Niederlande 10.000,00 Euro
- Österreich 11.000,00 Euro

(3) Für die Ermittlung der jeweiligen Lieferschwelle ist von dem Gesamtbetrag der Entgelte, der den Lieferungen im Sinne von § 3c UStG in einem EG-Mitgliedstaat zuzurechnen ist, auszugehen. Die maßgeblichen Lieferschwellen in den anderen EG-Mitgliedstaaten betragen (Ausschnitt)

- Belgien 35.000,00 Euro
- Dänemark 280.000,00 DKK
- Luxemburg 100.000,00 Euro
- Niederlande 100.000,00 Euro
- Österreich 100.000,00 Euro

Allgemeine Steuersätze in verschiedenen EG-Mitgliedstaaten:

- Deutschland 16%
- Belgien 21%
- Dänemark 25%
- Luxemburg 15%
- Niederlande 19%
- Österreich 20%

2.4.6 Innergemeinschaftlicher Warenverkehr

SACHVERHALT:

2 Ihr Mandant, die Firma Möbelmanufaktur Nordbayern GmbH hat eine neue Buchhaltungskraft eingestellt. Die neue Kraft kommt aus einer anderen Branche.

Sie werden gebeten, ob Sie nicht bei der Einarbeitung helfen und der neuen Mitarbeiterin die steuerlichen Hintergründe und die richtigen Buchungen zu verschiedenen Sachverhalten erklären können.

Aufgabe.

Erklären Sie der neuen Mitarbeiterin anhand der Steuergesetze, um welche Sachverhalte es sich bei den folgenden Belegen handelt.

Kontieren Sie die Belege richtig nach dem Ihnen vertrauten Kontenrahmen.

Beleg 1 zu Aufgabe 2.4.6

Möbelmanufakur Nordbayern GmbH Waldweg 2 95119 Selb

USt-ID-Nummer DE 746362857

Familie

Jean und Giselle Martel

Rue de Lilas 23

F-23456 Strassbourg

2003-08-03

Rechnung

1 Wohnzimmerschrank komplett mit Lieferung und Montage

Buche/Ulme	EUR 12.500,--
+ 16% USt	EUR 2.000,--
	EUR 14.500,--

Zahlbar wie vereinbart nach Montage in bar oder Scheck.

Vielen Dank für Ihren Auftrag.

Beleg 2 zu Aufgabe 2.4.6

Toni Lechbrucker Tiroler Rohholz Ges.m.b.H

Inntalstr. 2

A- 4876 Schwaz

Umsatzsteuer-Identifikationsnummer A 167345634

2003-08-17

Möbelmanufaktur Nordbayern GmbH

Waldweg 2

95119 Selb

USt-ID-Nummer DE 746362857

Rechnung

Sie erhielten am 15.08.2003 frei Lager Selb

50 cbm Rohholz Lärche a 1.00,- €	5.000,00 €
20 cbm Rohholz Zirbelkiefer a 250,- €	5.000,00 €
	10.000,00 €

Steuerfreie innergemeinschaftliche Lieferung

Gesamtbetrag zahlbar bis zum 16.09.2003. Bankeinzug wie vereinbart.

Besten Dank für Ihren Auftrag.

2.4.7 Import aus Drittland

SACHVERHALT

Ihre Mandantin Gunda Sommer betreibt ein Fachgeschäft für fernöstliche Spezialitä-
ten. Sie ermittelt ihren Gewinn gem. § 4(1) EStG und versteuert ihre Umsätze nach 3
den allgemeinen Vorschriften des UStG. Frau Sommer bringt ihre Buchhaltungsunterlagen zu Ihnen ins Büro und hat noch einige Fragen.

Frau Sommer kauft normalerweise bei einem in Deutschland ansässigen Großhändler ein. Letzten Monat hat sie erstmals direkt aus Japan 10 wertvolle Kimonos geliefert bekommen.

Die Ware wurde per Post versendet. Frau Sommer musste bei der Zollbehörde die Einfuhrabgaben in Höhe von 12% des Nettowarenwertes und die EUSt entrichten.

Im Internet waren die Preise des Lieferanten in Euro angegeben, die Rechnung hat der Lieferant in Yen gestellt. Frau Sommer ist sich nun nicht sicher, ob der richtige Preis berechnet wurde. Die Kimonos waren pro Stück mit 50,- Euro ausgepreist. Sie hat bereits bei Bestellung mit Kreditkarte bezahlt, auf dem Geschäftskonto ist aber noch nichts belastet.

Aufgabe:

Klären Sie für Frau Sommer, ob der Lieferant wirklich den im Internet ausgewiesenen Preis berechnet hat. Der Tageskurs für 1 Euro beträgt 128,12 YEN.

Ihre Mandantin hat gedacht, dass keine weiteren Kosten für die Bestellung anfallen würden und ärgert sich über den Zoll und die EUSt.

Sie möchte wissen, ob sie die beiden Beträge nun in ihrer Kalkulation ihrer Ladenverkaufspreise berücksichtigen muss.

Die Auszubildende arbeitet zur Zeit mit Ihnen zusammen und hat das Gespräch verfolgt. Erklären Sie ihr, wie man Fremdwährungsverbindlichkeiten im Jahresabschluss bewertet.

Nagoya Kimono Factory Postbox 234 Nagoya 758 Japan

www.samurai.net

Ms.

Sommer Gunda

Asiaworld

Kesslerplatz 2

D-21034 Hamburg

Germany

2003/09/12

Invoice

10 Pc. Kimono Samurai-Dream total 64.050,- YEN

Condition of supply:

Import duties and taxes to pay by account receivable.

Thank you for your order. Payment allready received.

Mr. Kenji Shigano

Nagoya Kimono Factory

2.4.8 Ordnungsmäßigkeit von Belegen

SACHVERHALT: 1

Sie bearbeiten die Buchhaltung des Mandanten Gustav Kartoffelkopf. Herr Kartoffelkopf betreibt in Leipzig einen Obst- und Gemüsehandel. Er ist buchführungspflichtig gem. § 140 AO und versteuert seine Umsätze nach den allgemeinen Vorschriften des UStG.

Beim Kontieren stoßen Sie auf die folgenden Belege.

Aufgabe:

Welche Auswirkungen haben die beiden Belege? Was unternehmen Sie bzw. raten Sie Herrn Kartoffelkopf?

Wie buchen Sie die Belege bis zur Klärung?

Erklären Sie Herrn Kartoffelkopf, was er grundsätzlich bei Lieferantenrechnungen und Quittungen zu beachten hat.

Belege zu Aufgabe 2.4.8

Ludwig Birne Obstbau 79985 Freital

Obsthandel
Gustav Kartoffelkopf
Hollunderweg 3
45789 Leipzig

Rechnung 4. Oktober 2003

Wir lieferten Ihnen frei Haus

100 Kisten Tafeläpfel a 2,56 Euro	256,00 Euro
30 Kisten Birnen a 3,12 Euro	93,60 Euro
50 Flaschen Johannisbeersaft a 1,02 Euro	51,00 Euro
	400,60 Euro
+ 16% MWSt	64,09 Euro
zu zahlen	464,69 Euro

Betrag in bar dankend erhalten, 5.10.03 *L. Birne*

Bürofachhandel Schreiber Marktgasse 2 45678 Leipzig

Quittung Barverkauf

Büromaterial

50 Ordner, Klarsichthüllen, Briefumschläge **124,34 Euro**

16% USt im Endbetrag enthalten.

2.5 Themenbereich ESt Sachverhalte + Berechnungen

2.5.1 Abschreibung von Software

SACHVERHALT:

Ihr Mandant Werner Zander kommt mit folgendem Anliegen in Ihre Kanzlei. 1

Herr Zander trägt sich mit dem Gedanken, von der Softwarefirma Flott ein speziell auf seinen Betrieb zugeschnittenes PC-Programm erstellen zu lassen.

Laut bereits vorliegendem Kostenvoranschlag würde das Programm netto 4.000,00 Euro kosten.

Herr Zander ermittelt seinen Gewinn gem. § 5 EStG und versteuert seine Umsätze nach den allgemeinen Vorschriften des UStG.

Aufgabe:

Erläutern Sie Herrn Zander bitte, welche Abschreibmöglichkeiten in Frage kommen.

Nennen Sie auch andere mögliche Beispiele für Wirtschaftsgüter dieser Art.

Errechnen Sie bitte die Gewinnminderung für dieses Jahr, wenn Herr Zander das PC-Programm am 15.06. dieses Jahr anschafft und von einer betriebsgewöhnlichen Nutzungsdauer von 5 Jahren auszugehen ist.

2.5.2 Anschaffungskosten und Abschreibungen

SACHVERHALT:

Ihre Mandantin Frau Helga Danneberg betreibt in München seit längerer Zeit ein
2 Frühstückslokal. Sie versteuert ihre Umsätze nach vereinnahmten Entgelten.

Um ihre Rechnungen besser schreiben zu können, hat Frau Danneberg sich das Fakturierungs-Programm „Faktuware" für 300,00 Euro netto gekauft.

Für eine professionelle Lohnbuchführung hat sie das Programm „Persoware" des gleichen Herstellers für netto 405,00 Euro angeschafft.

Ihre Buchführung erstellt sie ebenfalls selber. Da Frau Danneberg nur noch mit einer Software-Firma zusammen arbeiten möchte, hat sie sich auch das neueste Buchführungsprogramm „Bookware" dieser Firma für netto 560,00 Euro gekauft.

Alle Programme wurden im März angeschafft.

Aufgabe:

Frau Danneberg ruft Sie in Ihrer Kanzlei an und möchte wissen, wie sie diese Anschaffungen verbuchen muss und welche steuerlichen Vorteile hieraus resultieren.

Ein kurzer Aufgabentext bedeutet nicht unbedingt, dass es sich um einen einfachen Sachverhalt handelt.

2.5.3 Abschreibung Firmenwert

SACHVERHALT:

Herr Andreas Lauter, Elektromeister, möchte sich gerne selbstständig machen. Daher kommt er zu Ihnen in die Kanzlei, um sich umfassend beraten zu lassen. 3

Vom Inhaber seines früheren Ausbildungsbetriebes, Herrn Ronner, erhielt er folgendes Angebot zur Firmenübernahme:

Kaufpreis der Firma Elektro-Ronner insgesamt 500.000,00 Euro.

Die zu übernehmenden Vermögensgegenstände haben einen Wert von 980.000,00 Euro, der Wert aller Verbindlichkeiten beträgt 540.000,00 Euro.

Herr Lauter möchte den Namen Elektro-Ronner gerne beibehalten und ins Handelsregister eingetragen werden.

Aufgabe:

Bitte zeigen Sie Herrn Lauter alle handelsrechtlichen, einkommens- und umsatzsteuerlichen Möglichkeiten für die Firmenübernahme auf.

Ermitteln Sie bitte auch den Abschreibungswert auf den Firmenwert, wenn Herr Lauter die Firma Elektro-Ronner zu den oben angegebenen Werten zum 01.01. übernimmt.

Wie beurteilen Sie die Möglichkeit, den Namen „Elektro-Ronner" beizubehalten?

Ist eine Handelsregistereintragung möglich? Wenn ja: welche Auswirkungen hat sie?

2.5.4 Veranlagungsformen

SACHVERHALT:

3 Ihre Mandanten, die Eheleute Sommerfeld wünschen eine umfassende Beratung hinsichtlich ihrer Einkommensteuerveranlagung.

Helga und Walter Sommerfeld heirateten am 15.11. diesen Jahres.

Helga arbeitet als Verkäuferin bei der Firma Kallmann. Walter betreibt selbstständig einen Getränkemarkt.

Helga, Walter und der achtjährige Sohn Thomas aus Helgas erster Ehe ziehen am 20.11. dieses Jahres in ihre Eigentumswohnung in München–Bogenhausen. Diese Eigentumswohnung gehört Frau Helga Sommerfeld und war bis zum 30.09. fremdvermietet. Sie wurde degressiv abgeschrieben und steht nun noch mit 50.000,- Euro zu Buche.

Luise Sommerfeld, Walters erste Ehefrau, verstarb am 13.02. letzten Jahres. Walter und Luise wohnten bis zu Luises Tod in ihrer gemeinsamen Wohnung in München–Pasing.

Aufgabe:

Welche Veranlagungsarten kommen für die Eheleute Helga und Walter Sommerfeld für dieses Jahr in Betracht?

Begründen Sie bitte auch, welche Veranlagungsart für dieses Jahr möglicherweise die größere Steuerentlastung bringt.

Wie ist die Eigentumswohnung in diesem Jahr steuerlich zu behandeln?

2.5.5 Ermittlung ESt-Nachzahlung/ -erstattung

SACHVERHALT:

Ihr Mandant Peter Rasch erzielte im Vorjahr mit seiner Schreinerwerkstatt einen Gewinn aus Gewerbebetrieb in Höhe von 40.080,00 Euro. Andere Einkünfte hat der 2
Steuerpflichtige nicht.

An eine politische Partei spendete Herr Rasch 1.640,00 Euro. Eine ordnungsgemäße Spendenbescheinigung liegt vor.

Bei einem zu versteuernden Einkommen von 35.040,00 Euro entsteht eine Einkommensteuerschuld in Höhe von 8.245,00 Euro.

An Vorauszahlungen wurden 7.300,00 Euro geleistet.

Aufgabe:

Berechnen Sie bitte die Einkommensteuernachzahlung, bzw. die Einkommensteuererstattung für das Vorjahr.

Erläutern Sie allgemein die steuerliche Abzugsfähigkeit von Spenden bei der ESt und der GewSt.

2.5.6 Einkünfte aus Kapitalvermögen

SACHVERHALT:

3 Ihre Mandantin Ulla Thomsen hält in ihrem Wertpapierdepot mehrere unterschiedliche Wertpapiere.

Die Anteile an der Sumpf-GmbH kaufte Ulla am 03.05. dieses Jahres für insgesamt 6.000,00 Euro.

Im August schüttet die Sumpf-GmbH eine Bruttodividende in Höhe von 2.000,00 Euro aus.

Das Aktienpaket verkaufte Ulla im Dezember dieses Jahres für 7.100,00 Euro. An Veräußerungskosten fielen 150,00 Euro an.

Die Bank schrieb Bruttozinsen für festverzinsliche Wertpapiere in Höhe von 800,00 Euro gut.

Die Bausparkasse errechnete aus dem Bausparguthaben Zinsen von 450,00 Euro. Die Kontoführungsgebühr wurde mit 5,00 Euro festgesetzt.

Depotgebühr insgesamt 80,00 Euro, davon entfallen auf das Aktienpaket 30,00 Euro.

Aufgabe:

Frau Thomsen möchte von Ihnen wissen, welche Einkünfte in welcher Höhe sie erzielte.

2.5.7 Lohnersatzleistungen

SACHVERHALT:

Doris und Gerhard Schneller wohnen in Hannover. Gerhard Schneller führt selbstständig eine Elektrowerkstatt. 2

Frau Schneller arbeitete bis 30.09. letzten Jahres bei der Firma Willams als Verkäuferin. Ab dem 01.10. letzten Jahres erhielt Doris Arbeitslosengeld bis zum 28.02. diesen Jahres.

Aufgabe:

Die Eheleute Schneller fragen Sie, ob sich das ausgezahlte Arbeitslosengeld auf die Höhe der festzusetzenden Einkommensteuerschuld für dieses und das nächste Jahr in irgendeiner Weise auswirkt.

2.5.8 Bewirtungsaufwendungen in ESt und USt

SACHVERHALT:

1

Der Mandant, Bauunternehmer Wolfgang Tauber aus Hof, hat einen größeren Auftrag von der Firma Steiner erhalten.

Um noch die letzten Fragen zu klären, lädt Herr Tauber die beiden leitenden Ingenieure und den Bauleiter der Firma Steiner in das nahe gelegene Chinarestaurant zum Essen ein.

Die Aufwendungen in Höhe von 52,50 Euro brutto sind angemessen.

Aufgabe:

Herr Tauber erstellt seine Buchführung selber. Er möchte nun von Ihnen wissen, welche steuerliche Auswirkung diese Rechnung hat und auf was er bei Bewirtungen grundsätzlich noch achten muss.

CHINA GARTEN

China Restaurant
An der Michaelisbrücke 2
95028 Hof
Tel. (09281) 41140

R E C H N U N G

RestTisch 1 14:21 24.01.03 K_0
24.01.03

4 Buffet (Mittag)		
7,50		30,00
1 Buffet (MK)		
4,50		4,50
1 Eis0,80		
0,80		0,80
2 Sprite	0,2 l	
1,20		2,40
1 Spezi	0,2 l	
1,20		1,20
1 Mineralwasser		
1,50		1,50
1 Spezi	0,4 l	
2,20		2,20
1 Scherdel Pils		
1,90		1,90
4 Pflaumenwein	5 cl	
2,00		8,00

inkl. 16% MWSt = 7,24 EURO

Rechnungsbetrag:

52,50 EURO

BEWIRTUNGSAUFWAND
(lt. §4 Abs.5 Z.2 EStG)

Bewirtete Personen:

Fa Steiner: Herr Müller, Herr Schmidt, Frau Master
Fa Tauber:
Wolfgang Tauber

Anlass:

Besprechung Bauvorhaben
Einkaufszentrum Süd

Hof 24.1.03
(Ort und Datum)

(Unterschrift)

2.5.9 Unterhaltsleistungen

SACHVERHALT:

1 Jutta und Klaus Wolfram sind seit drei Jahren geschieden. Klaus zahlt an seine geschiedene Ehefrau Jutta monatlich 800,00 Euro Unterhaltsleistungen.

Für die Tochter Ina zahlt er einen Unterhaltsbetrag von monatlich 250,00 Euro. Jutta und Ina wohnen weiterhin in der Eigentumswohnung von Klaus Wolfram. Dieser übernimmt die Kosten für Grundsteuer, Müllbeseitigung, Wasser, Strom und Abwasser.

Diese Kosten beliefen sich im Jahr 2002 auf insgesamt 1.900,00 Euro.

Aufgabe:

Herr Wolfram ist Ihr Mandant und möchte gerne wissen, ob es eine steuerliche Berücksichtigung der von ihm aufgewandten Beträge gibt.

2.5.10 Einkommensteuer – Anlage N

SACHVERHALT:

Lothar Sommerfeld ist leitender Angestellter bei der Summer AG. Der Firmensitz ist in München in der Landwehrstraße 40. 1

Er erzielte im letzten Jahr einen Bruttoarbeitslohn in Höhe von 60.480,00 Euro.

An Lohnsteuern wurden 11.271,96 Euro und an Solidaritätszuschlag 619,92 Euro einbehalten.

Anlässlich der Geburt seiner Tochter Sonja im Januar zahlte der Arbeitgeber 580,00 Euro an Lothar.

Dieser Betrag ist nicht im Bruttoarbeitslohn enthalten.

Lothar wird bei seinem Wohnsitzfinanzamt in München II unter der Steuernummer 240/0081 geführt.

Lothar fuhr an 210 Arbeitstagen mit dem PKW seiner Frau in die Arbeit. Er fuhr täglich 42 Km, amtliches Kennzeichen: M-LS-112.

Folgende Ausgaben kann Lothar noch belegen.

Reifenreparatur an dem PKW in Höhe von 400,00 Euro. Gewerkschaftsbeiträge von insgesamt 120,00 Euro. Einen Kurs bei der Volkshochschule mit dem Titel „gesunde Ernährung" für 80,00 Euro. Am 25.09. kaufte sich Lothar in der Computerzentrale ein gebrauchtes Laptop. Er zahlte insgesamt 475,60 Euro dafür. Einen Fortbildungskurs seiner Firma besuchte Lothar im Mai und entrichtete eine Gebühr von 175,00 Euro.

Aufgabe:

Berechnen Sie die Einkünfte gem. § 19 EStG

Füllen Sie bitte auch die Anlage N aus.

Name und Vorname	**Anlage N** — Bitte Lohnsteuerkarte(n) im Original beifügen!	**2002**
Steuernummer	**Jeder Ehegatte mit Einkünften aus nichtselbständiger Arbeit hat eine eigene Anlage N abzugeben.**	Stpfl. / Ehemann = 7, Ehefrau = 8
Einkünfte aus nichtselbständiger Arbeit		99 4

Zeile	Angaben zum Arbeitslohn	Erste Lohnsteuerkarte	Weitere Lohnsteuerkarte(n)	
1		Steuerklasse 66		85 Veranlagungsgrund
2	**Bruttoarbeitslohn**	10 EUR Ct	11 EUR Ct	Vom Arbeitgeber ausgezahltes Kindergeld 70
3	**Lohnsteuer**	40	41	Arbeitgeber-FA 67
4	**Solidaritätszuschlag**	50	51	86
5	**Kirchensteuer des Arbeitnehmers**	42	43	69 Betrieb
6	Nur bei konfessionsverschiedener Ehe: **Kirchensteuer für den Ehegatten**	44	45	
7	**Nachträgliche Steuerbefreiung** für Arbeitslohn (in Zeile 2 enthalten) aufgrund geringfügiger Beschäftigung(en) – sog. **325-€-Arbeitsverhältnisse** – für den der Arbeitgeber den pauschalen Rentenversicherungsbeitrag (12 %) entrichtet hat. (Bitte Bescheinigung des Arbeitgebers beifügen.)		28	
8	**Versorgungsbezüge** (in Zeile 2 enthalten)		32	
9	**Versorgungsbezüge für mehrere Jahre**		33	
10	**Arbeitslohn für mehrere Jahre**		13	
11	**Entschädigungen** (Bitte Vertragsunterlagen beifügen.)		66	
12	**Steuerabzugsbeträge** zu den Zeilen 9 bis 11	46 Lohnsteuer	52 Solidaritätszuschlag	
13		48 Kirchensteuer Arbeitnehmer	49 Kirchensteuer Ehegatte	
14	Steuerpflichtiger Arbeitslohn, von dem kein Steuerabzug vorgenommen worden ist		15	Progressionsvorbehalt unterliegende Einkünfte
15	**Steuerfreier Arbeitslohn** nach Doppelbesteuerungsabkommen / zwischenstaatlichen Übereinkommen	Staat / Organisation	39	77
16	nach Auslandstätigkeitserlass	Staat	36	
17	Zu Zeile 15: Unter bestimmten Voraussetzungen erfolgt eine Mitteilung über die Höhe des in Deutschland steuerfreien Arbeitslohns an den anderen Staat. Einwendungen gegen eine solche Weitergabe bitte als Anlage beifügen.			
18	Grenzgänger nach	Beschäftigungsland — Arbeitslohn ▸	16 in ausländischer Währung	17 Länderschlüssel
19	Schweizerische Abzugsteuer		35 SFr	
20	Steuerfrei erhaltene Aufwandsentschädigungen / Einnahmen	aus der Tätigkeit als	EUR	
21	**Kurzarbeitergeld, Winterausfallgeld, Zuschuss zum Mutterschaftsgeld, Verdienstausfallentschädigung nach dem Infektionsschutzgesetz, Aufstockungsbeträge nach dem Altersteilzeitgesetz, Altersteilzeitzuschläge nach Besoldungsgesetzen** (lt. Lohnsteuerkarte)		19	
22	**Andere Lohnersatzleistungen** (z. B. Arbeitslosengeld, -hilfe, Altersübergangsgeld, Insolvenzgeld, Überbrückungsgeld lt. Bescheinigung d. Arbeitsamts u. Krankengeld, Mutterschaftsgeld lt. Leistungsnachweis)		20	
23	**Angaben über Zeiten und Gründe der Nichtbeschäftigung** (Bitte Nachweise beifügen.)			

Zeile	Angaben zum Antrag auf Festsetzung der Arbeitnehmer-Sparzulage		
24	Beigefügte Bescheinigung(en) vermögenswirksamer Leistungen (Anlage VL) des Anlageinstituts/Unternehmens	Anzahl	Stpfl. / Ehemann = 7, Ehefrau = 8

Zeile	Ergänzende Angaben zu den Vorsorgeaufwendungen	
25	Es bestand 2002 **keine gesetzliche Rentenversicherungspflicht** aus dem aktiven Dienstverhältnis / aus der Tätigkeit	99 8
26	☐ als Beamter. ☐ als Vorstandsmitglied / GmbH-Gesellschafter-Geschäftsführer. ☐ im Rahmen von Ehegattenarbeitsverträgen, die vor dem 1. 1. 1967 abgeschlossen wurden.	Vorsorgepauschale gekürzt = 1, ungekürzt = 2
27	**als** (z. B. Praktikant, Student)	35
28	Aufgrund des vorgenannten Dienstverhältnisses / der Tätigkeit bestand **eine** Anwartschaft auf Altersversorgung (ganz oder teilweise ohne eigene Beitragsleistungen). ☐ Ja ☐ Nein	Bemessungsgrundlage für Vorwegabzug ohne Kürz. 15
29	Im Rahmen des vorgenannten Dienstverhältnisses / der Tätigkeit wurden steuerfreie Arbeitgeberzuschüsse zur Kranken-, Pflege-, Renten- oder Arbeitslosenversicherung gezahlt. ☐ Ja ☐ Nein	
30	Ich habe 2002 bezogen ☐ beamtenrechtliche od. gleichgestellte Versorgungsbezüge. ☐ Altersrente aus der gesetzlichen Rentenversicherung.	

Anlage N für Einkünfte aus nichtselbständiger Arbeit – Aug. 2002 (OFD Nbg - 10.02 - 2,5 Mio - 1334)

Werbungskosten

31 **Wege zwischen Wohnung und Arbeitsstätte** (Entfernungspauschale)

32 Die Wege wurden ganz oder teilweise zurückgelegt mit einem eigenen oder zur Nutzung überlassenen ☐ privaten Pkw ☐ Firmenwagen | Letztes amtl. Kennzeichen

33 Arbeitsstätte in (Ort und Straße) – ggf. nach besonderer Aufstellung – | Arbeitstage je Woche | Urlaubs- und Krankheitstage

34

Zeile	Arbeitsstätte lt. Zeile	aufgesucht an	einfache Entfernung	davon mit eigenem oder zur Nutzung überlassenem Pkw zurückgelegt	davon mit öffentl. Verkehrsmitteln, Sammelbeförderung, Motorrad, Fahrrad o.Ä., als Fußgänger, als Mitfahrer einer Fahrgemeinschaft zurückgelegt	Behinderungsgrad mind. 70 oder mind. 50 und Merkzeichen „G"	
35							72 Entfernungspauschale
36		40 Tagen	41 km	68 km	km	☐ Ja	61 Bei Behinderung = 2
37		43 Tagen	44 km	69 km	km	☐ Ja	62 Bei Behinderung = 2
38		46 Tagen	47 km	70 km	km	☐ Ja	63 Bei Behinderung = 2
39		65 Tagen	66 km	71 km	km	☐ Ja	67 Bei Behinderung = 2

40 Aufwendungen für Fahrten mit öffentlichen Verkehrsmitteln (ohne Flug- und Fährkosten) – Bitte stets auch die Zeilen 36 bis 39 ausfüllen – | 49 EUR | 49

41 Vom Arbeitgeber gezahlter Fahrtkostenersatz lt. Nummer 17 bzw. 18 der Lohnsteuerkarte | 73 steuerfrei gezahlt | 50 pauschal besteuert | 50

42 **Beiträge zu Berufsverbänden** (Bezeichnung der Verbände) | 51 | 51

43 **Aufwendungen für Arbeitsmittel** – soweit nicht steuerfrei ersetzt – (Art der Arbeitsmittel bitte einzeln angeben.) EUR | 73

44 + ▸ | 52 | 52

45 **Weitere Werbungskosten** (z. B. Fortbildungskosten, Reisekosten bei Dienstreisen, Fahrtkosten bei Einsatzwechseltätigkeit, Flug- und Fährkosten) – soweit nicht steuerfrei ersetzt –

46 +

47 + ▸ | 53 | 53

48 **Pauschbeträge für Mehraufwendungen für Verpflegung** | Vom Arbeitgeber steuerfrei ersetzt

49 ☐ bei Einsatzwechseltätigkeit ☐ bei Fahrtätigkeit

50 Abwesenheit mind. 8 Std. Zahl der Tage × 6 € | Abwesenheit mind. 14 Std. Zahl der Tage × 12 € | Abwesenheit von 24 Std. Zahl der Tage × 24 € | Summe = € | – €▸ | 54 | 54

51 **Mehraufwendungen für doppelte Haushaltsführung** Der doppelte Haushalt wurde aus beruflichem Anlass begründet | Beschäftigungsort

52 Grund | am | und hat seitdem ununterbrochen bestanden bis 2002 | Es bestand bereits eine frühere doppelte Haushaltsführung am selben Beschäftigungsort | vom – bis

53 Eigener Hausstand ☐ Nein ☐ Ja, in | seit | Falls nein, wurde Unterkunft am bisherigen Ort beibehalten? ☐ Nein ☐ Ja

54 Kosten d. ersten Fahrt zum Beschäftigungsort u. d. letzten Fahrt zum eigenen Hausstand ☐ mit öffentlichen Verkehrsmitteln ☐ mit eigenem Kfz Entfernung km × € = | EUR

55 Fahrtkosten für Heimfahrten einfache Entfernung (ohne Flugstrecken) km × Anzahl × 0,40 € = €

56 Kosten für öffentliche Verkehrsmittel (ohne Flug- und Fährkosten) € | 64 Werbungskosten zu Zeile 7

57 Höherer Betrag aus Zeile 55 oder 56 + | 57 Werbungskosten zu Zeilen 15 und 16

58 tatsächliche Kfz-Kosten bei Behinderten / Flug- und Fährkosten für Heimfahrten (lt. Nachweis) + | 58 Werbungskosten zu Zeilen 14 und 18

59 Kosten der Unterkunft am Arbeitsort (lt. Nachweis) + | 59 Werbungskosten zu Zeilen 9 und 10

60 Verpflegungsmehraufwendungen | 60 Werbungskosten zu Zeile 11

61 Abwesenheit mind. 8 Std. Zahl der Tage × 6 € | Abwesenheit mind. 14 Std. Zahl der Tage × 12 € | Abwesenheit von 24 Std. Zahl der Tage × 24 € ▸ +

62 +

63 **Vom Arbeitgeber steuerfrei ersetzt** – ▸ | 55 | 55

2.5.11 Einkommensteuer Werbungskosten+Sonderausgaben

SACHVERHALT:

Isolde und Werner Schmidbauer werden gemeinsam zur Einkommensteuer veranlagt.

2 Sie legen Ihnen für das vergangene Jahr folgende Belege vor.

Lohnsteuerkarte Werner, Lohnsteuerklasse III, mit einem Bruttoarbeitslohn in Höhe von 30.500,00 Euro.

Lohnsteuerkarte von Isolde mit der Lohnsteuerklasse V und einem Bruttoarbeitslohn von insgesamt 15.000,00 Euro.

An Sozialversicherungsbeiträgen zahlte Werner 6.405,00 Euro und Isolde 2.925,00 Euro.

An den Bund Naturschutz spendete Isolde 800,00 Euro. Werner spendete an das Deutsche Rote Kreuz einen Betrag von 1.200,00 Euro.

Die Lebensversicherungsbeiträge für Isolde in Höhe von 1.800,00 Euro, sowie die Lebensversicherungsbeiträge für Werner in Höhe von 1.200,00 Euro wurden von Werners Bankkonto abgebucht.

Isolde zahlte ihre Unfallversicherung von 120,00 Euro und die Haftpflichtversicherung für Werner in Höhe von 150,00 Euro.

Für die Erstellung der Einkommensteuererklärung des Vorjahres berechnete ihr Steuerberater eine Gebühr von 350,00 Euro. Einer Religionsgemeinschaft gehören die Eheleute nicht an.

Aufgabenstellung

Um welche Aufwendungen handelt es sich bei den genannten Ausgaben und welche steuerlichen Auswirkungen ergeben sich daraus?

2.5.12 Vermietung und Verpachtung

SACHVERHALT:

Ria und Wolfgang Tanner besitzen in Nürnberg, Sonnenallee 22 ein Zweifamilienhaus. Die Wohnungen sind gleich groß und haben die gleiche Ausstattung. 1

Das Ehepaar Tanner bewohnt das Erdgeschoss seit der Fertigstellung im Mai 2000.

Die Wohnung im 1. Stock ist an ihre Nichte Monika vermietet. Monika wohnt dort mit ihrer Familie.

Das Zweifamilienhaus wurde von den Eheleuten Tanner im Jahr 2000 für 300.000,00 Euro erstellt.

Auf den Grund und Boden entfällt ein Anteil von 20 %.

Die ortsübliche Miete beläuft sich auf 850,00 Euro. Monika zahlt an ihre Tante und ihren Onkel eine monatliche Miete von 450,00 Euro.

An Kosten für das gesamte Objekt fielen im Veranlagungsjahr an:

Grundsteuer	250,00 Euro
Müllabfuhr	200,00 Euro
Straßenreinigung	125,00 Euro
Kaminkehrer	105,00 Euro
Brandversicherung	150,00 Euro
Hapftplichtversicherung	250,00 Euro
Darlehenszinsen	4.500,00 Euro

Reparaturkosten in der eigenen Wohnung insgesamt 850,00 Euro.

Reparaturkosten in der Wohnung der Nichte 650,00 Euro.

Aufgabe:

Erläutern Sie den Mandanten die einkommensteuerlichen Auswirkungen.

Füllen Sie bitte auch die Anlage V aus. Die Steuernummer lautet: 112/8012

Name und Vorname / Gemeinschaft / Körperschaft

Steuernummer

Anlage V Lfd. Nr. d. Anlage

☐ zur Einkommensteuererklärung

☐ zur Körperschaftsteuererklärung

☐ zur Feststellungserklärung

2002

Einkünfte aus Vermietung und Verpachtung

(Bei ausländischen Einkünften: Anlage AUS beachten.)

Zeile	Einkünfte aus dem bebauten Grundstück					Angeschafft am	Fertig gestellt am	Bitte nur volle Euro-Beträge eintragen. EUR
1	Lage des Grundstücks / der Eigentumswohnung (Ort, Straße, Hausnummer)							
2	Eigengenutzter oder unentgeltlich an Dritte überlassener Wohnraum						m²	
3	Mieteinnahmen für Wohnungen (ohne Umlagen)	Erdgeschoss €	1. Obergeschoss €	2. Obergeschoss €	3. Obergeschoss €	weitere Geschosse €		
4		Anzahl / Wohnfläche m²	Anzahl / Wohnfläche m²	Anzahl / Wohnfläche m²	Anzahl / Wohnfläche m²	Anzahl / Wohnfläche m²		——
5	für andere Räume (ohne Umlagen)	€	€	€	€	€		
6	Einnahmen für an Angehörige vermietete Wohnungen (ohne Umlagen)					Anzahl / Wohnfläche m²		
7	Umlagen, verrechnet mit Erstattungen (z. B. Wassergeld, Flur- und Kellerbeleuchtung, Müllabfuhr, Zentralheizung usw.) auf die Zeilen 3 und 5 entfallen							
8	auf die Zeile 6 entfallen							
9	Vereinnahmte Mieten für frühere Jahre / auf das Kalenderjahr entfallende Mietvorauszahlungen aus Baukostenzuschüssen							
10	Einnahmen aus Vermietung von Garagen, Werbeflächen, Grund und Boden für Kioske usw. sowie erstattete Umsatzsteuer							
11	Öffentliche Zuschüsse nach § 88 d II. WoBauG oder zu Erhaltungsaufwendungen, Aufwendungszuschüsse, Guthabenzinsen aus Bausparverträgen und sonstige Einnahmen	Gesamtbetrag €	davon entfallen auf Wohnungen lt. Zeile 2			– € =		
12	Summe der Einnahmen							
13	Summe der Werbungskosten (Übertrag aus Zeile 57)							–
14	Überschuss (zu übertragen nach Zeile 16 oder nach Zeile 17 der zusammenfassenden Anlage V)							=
15	In diese Spalten bitte nur volle Euro-Beträge eintragen.					Stpfl. / Ehemann Gesellschaft EUR	Ehefrau EUR	99 25
16	Zurechnung des Betrags aus Zeile 14					20	21	
17	Summe der Beträge aus Zeile 14 aller weiteren Anlagen V					50	51	
18	**Anteile an Einkünften** aus (Gemeinschaft, Finanzamt, Steuer-Nr.)							
19	Bauherrengemeinschaften / Erwerbergemeinschaften					76	77	
20	geschlossenen Immobilienfonds					74	75	
21	Grundstücksgemeinschaften					56	57	
22						58	59	
23						24	25	
24	Gesellschaften / Gemeinschaften / ähnlichen Modellen i. S. d. § 2 b EStG							
25	**Andere Einkünfte** Einkünfte aus Untervermietung von gemieteten Räumen (Berechnung auf bes. Blatt)					66	67	
26	Einkünfte aus Vermietung und Verpachtung unbebauter Grundstücke, von anderem unbeweglichem Vermögen,							
27	von Sachinbegriffen sowie aus Überlassung von Rechten (Erläuterung auf besonderem Blatt)					52	53	

Anlage V für Einkünfte aus Vermietung und Verpachtung – Aug. 2002

- 2 -

Zeile	Werbungskosten aus dem bebauten Grundstück in Zeile 1	Nur ausfüllen, wenn die Aufwendungen für das Gebäude nur teilweise Werbungskosten sind (siehe Anleitung zu den Zeilen 30 bis 56): Gesamtbetrag EUR	Ausgaben, die nicht mit Vermietungseinkünften zusammenhängen: ermittelt durch direkte Zuordnung	ermittelt verhältnismäßig	nicht abziehbarer Betrag EUR	Werbungskosten (ggf. Spalte 1 abzüglich Spalte 4; bitte nur volle Euro-Beträge eintragen) EUR
		1	2	3	4	5
34	Absetzung für Abnutzung nach den §§ 7, 7 b Abs. 1 S. 2 EStG ☐ linear ☐ degressiv % ☐ wie 2001 ☐ lt. bes. Blatt		☐	%		
35	Erhöhte Absetzungen nach § 7 k EStG (Zeilen 61 und 62 beachten) ☐ wie 2001		☐			
36	nach § 14 a BerlinFG ☐ wie 2001		☐			
37	nach § 14 d BerlinFG (Zeile 62 beachten) ☐ wie 2001		☐			
38	nach den §§ 7 h, 7 i EStG, Schutzbaugesetz ☐ wie 2001 ☐ lt. bes. Blatt		☐			
39	Sonderabschreibungen nach § 4 Fördergebietsgesetz ☐ wie 2001 ☐ lt. bes. Blatt		☐			
40	Schuldzinsen (ohne Tilgungsbeträge)		☐			
41	Geldbeschaffungskosten (z. B. Schätz-, Notar-, Grundbuchgebühren)		☐			
42	Renten, dauernde Lasten (Einzelangaben auf besonderem Blatt)		☐			
43	2002 voll abzuziehende Erhaltungsaufwendungen, die direkt zugeordnet werden können		☒			
44	verhältnismäßig zugeordnet werden					
45	Auf bis zu 5 Jahre zu verteilende Erhaltungsaufwendungen nach den §§ 11 a, 11 b EStG (nur für Objekte in Sanierungsgebieten, Baudenkmale)					
46	Gesamtaufwand € / davon 2002 abzuziehen €		☐			
47	Erhaltungsaufwendungen aus früheren Jahren: aus 1998 € + aus 1999 €		☐			
48	aus 2000 € + aus 2001 €		☐			
49	Grundsteuer, Straßenreinigung, Müllabfuhr		☐			
50	Wasserversorgung, Entwässerung, Hausbeleuchtung		☐			
51	Heizung, Warmwasser		☐			
52	Schornsteinreinigung, Hausversicherungen		☐			
53	Hauswart, Treppenreinigung, Fahrstuhl		☐			
54	Verwaltungskosten		☐			
55	Sonstiges		☐			
56			☐			
57	Summe der Werbungskosten (zu übertragen nach Zeile 13)					
58						

Zusätzliche Angaben

Zeile		Stpfl. / Ehemann	Ehefrau
59			
60	2002 vereinnahmte oder bewilligte Zuschüsse aus öffentlichen Mitteln zu den Anschaffungs-/Herstellungskosten (Erläuterungen auf besonderem Blatt)	€	€
61	In Fällen des § 7 k EStG (Zeile 35): Mittel aus öffentlichen Haushalten wurden unmittelbar oder mittelbar	☐ gewährt.	☐ nicht gewährt.
62	In Fällen des § 7 k EStG / § 14 d BerlinFG und bei Buchwertentnahme nach § 6 Abs. 1 Nr. 4 Satz 4 EStG vor dem 1. 1. 2002:	☐ Bescheinigung nach § 7 k Abs. 3 EStG ist beigefügt.	

2.5.13 Sonderausgaben + Außergewöhnliche Belastungen

SACHVERHALT:

2 Ihre Mandanten Luise und Heinrich Wetterstein legen Ihnen folgende Beleg für die Einkommensteuererklärung vor.

Luise arbeitet ganztags als Arzthelferin. Ihr Bruttogehalt betrug 24.500,00 Euro.

Sie strebt den Beruf der Heilpraktikerin an. Deshalb besucht Luise dreimal in der Woche einen Kurs. Sie fuhr mit ihrem PKW an 120 Tagen jeweils 30 Kilometer zum Unterricht.

An Kursgebühren fielen an 560,00 Euro. Für Fachliteratur gab sie insgesamt 240,00 Euro aus.

Heinrich betreibt erfolgreich seit einigen Jahren einen Großhandel mit Getränken.

Sie erstellen die Buchführung und ermittelten einen Gewinn in Höhe von 85.500,00 Euro.

Aufgrund einer Sportverletzung musste sich Heinrich einer Operation unterziehen.

Von den ihm entstandenen Krankheitskosten von 6.500,00 Euro erstattete seine private Krankenkasse 2.500,00 Euro.

Seinen Vater unterstützte Heinrich monatlich mit 450,00 Euro. Der Vater erhält von der BfA seit seinem 65 Lebensjahr eine Rente von monatlich 350,00 Euro. Andere Einkünfte hat sein Vater nicht.

Aufgabe:

Erklären Sie den Mandanten die einkommensteuerlichen Auswirkungen und berechnen Sie diese.

2.5.14 Berücksichtigung von Kindern

SACHVERHALT:

Ulrike und Horst Winterberg wohnen in Hamburg. 3

Sie werden bei ihrem Wohnsitzfinanzamt unter der Steuernummer 258/0160 geführt.

Ihre Tochter Karin, geboren am 03.05.1983 studiert in Erlangen an der Universität Geschichte. Ihre Eltern bezahlen die Miete für das Apartment in Erlangen und unterstützen Karin auch mit unregelmäßigen Geldbeträgen.

In den Semesterferien arbeitet Karin regelmäßig als Aushilfe. Sie erzielte dabei einen Bruttoarbeitslohn von 1.865,00 Euro.

Sohn Christian, geboren am 16.12.1990 besucht das hiesige Gymnasium. Seit zwei Jahren wird Christian nach der Schule von einer Tagesmutter betreut.

Hierfür entstehen jährlich Kosten in Höhe von 4.100,00 Euro.

Horst Winterberg arbeitet ganztags bei der Firma Soller als Prokurist. Ulrike Winterberg befindet sich in einer Umschulung zur Steuerfachangestellten.

Für beide Kinder erhalten die Eheleute Kindergeld.

Aufgabe:

Erläutern Sie Ihren Mandanten, welche Möglichkeiten bestehen, die Aufwendungen für ihre Kinder steuerlich geltend zu machen.

Füllen Sie bitte auch die Anlage Kind für beide Kinder aus.

Name und Vorname

Steuernummer

Anlage Kind

Lfd. Nr. der Anlage

Für jedes Kind bitte eine eigene Anlage Kind abgeben.

2002

99 3

Angaben zum Kind

1 Vorname | ggf. abweichender Familienname

2 16 Geburtsdatum | verheiratet seit dem | Für 2002 ausgezahltes Kindergeld / Höhe des zivilrechtlichen Ausgleichsanspruchs / vergleichbare Leistungen | 15 | €

3 Anschrift (bei Wohnsitz im Ausland bitte auch den Staat angeben)

4 Wohnort im Inland | vom | bis | Wohnort im Ausland | vom | bis

Voller KFB Zahl der Monate: Inland 10 | Ausland 12

Halber KFB Zahl der Monate: Inland 11 | Ausland 13

Länderangaben in Drittel 14

Kindschaftsverhältnis zur steuerpflichtigen Person / zum Ehemann

5

6 leibliches Kind / Adoptivkind | Pflegekind | Enkelkind / Stiefkind | Bei einem Pflegekind: Empfangene Unterhaltsleistungen / Pflegegelder | €

Kindschaftsverhältnis zur Ehefrau

7

8 leibliches Kind / Adoptivkind | Pflegekind | Enkelkind / Stiefkind | Bei einem Pflegekind: Empfangene Unterhaltsleistungen / Pflegegelder | €

Kindschaftsverhältnis zu weiteren Personen

9

10 Name, letztbekannte Anschrift und Geburtsdatum dieser Personen, Art des Kindschaftsverhältnisses | vom | bis

11 Das Kindschaftsverhältnis zum anderen Elternteil ist durch Tod des anderen Elternteils erloschen | am

Berücksichtigung eines volljährigen Kindes

12

13 Das Kind befand sich in Schul-, Hochschul- oder Berufsausbildung | vom | bis

14 Bezeichnung der Schul- / Berufsausbildung

15 Das Kind konnte eine Berufsausbildung mangels Ausbildungsplatzes nicht beginnen oder fortsetzen | vom | bis

16 Das Kind hat ein freiwilliges soziales bzw. ökologisches Jahr, einen Europäischen Freiwilligendienst oder einen anderen Dienst im Ausland (§ 14 b Zivildienstgesetz) abgeleistet | vom | bis

17 Das Kind befand sich in einer Übergangszeit (z. B. zwischen zwei Ausbildungsabschnitten) von höchstens vier Monaten | vom | bis

18 Das Kind war arbeitslos | vom | bis

19 Das Kind war wegen einer vor Vollendung des 27. Lebensjahres eingetretenen Behinderung außerstande, sich selbst zu unterhalten | vom | bis

20 Das Kind hat gesetzlichen Grundwehr- / Zivildienst oder davon befreienden Dienst geleistet | vom | bis

Einkünfte und Bezüge eines volljährigen Kindes

21

22	Bruttoarbeitslohn	darauf entfallende Werbungskosten	Einnahmen aus Kapitalvermögen	darauf entfallende Werbungskosten	Renten	darauf entfallende Werbungskosten
	EUR	EUR	EUR	EUR	EUR	EUR
23 im Kalenderjahr						
24 davon innerhalb des Berücksichtigungszeitraums						
25 davon entfallen auf Zeiten auswärtiger Unterbringung						

26	Übrige Einkünfte	Öffentliche Ausbildungshilfen	Übrige Bezüge	Kosten zu den Bezügen	Besondere Ausbildungskosten Art	Höhe
	EUR	EUR	EUR	EUR		EUR
27 im Kalenderjahr						
28 davon innerhalb des Berücksichtigungszeitraums						
29 davon entfallen auf Zeiten auswärtiger Unterbringung						

Anlage Kind – Aug. 2002

- 2 -

Übertragung des Kinderfreibetrags / des Freibetrags für den Betreuungs- und Erziehungs- oder Ausbildungsbedarf

30

31 ☐ Ich beantrage den vollen Kinderfreibetrag und den vollen Freibetrag für den Betreuungs- und Erziehungs- oder Ausbildungsbedarf,

32 weil ☐ der andere Elternteil seine Unterhaltsverpflichtung nicht zu mindestens 75 % erfüllt hat.

33 ☐ der andere Elternteil vom … bis … im Ausland lebte.

34 ☐ Ich beantrage den vollen Freibetrag für den Betreuungs- und Erziehungs- oder Ausbildungsbedarf, weil das minderjährige Kind bei dem anderen Elternteil nicht gemeldet war.

35 ☐ Der Übertragung des Kinderfreibetrags und des Freibetrags für den Betreuungs- und Erziehungs- oder Ausbildungsbedarf auf die Stief- / Großeltern wurde lt. **Anlage K** zugestimmt.

36 ☐ Nur bei Stief- / Großeltern: Der Kinderfreibetrag und der Freibetrag für den Betreuungs- und Erziehungs- oder Ausbildungsbedarf sind lt. **Anlage K** zu übertragen.

Haushaltsfreibetrag

37 Das Kind war am 1. 1. 2002 (oder erstmals 2002) mit Wohnung gemeldet

38 ☐ bei der stpfl. Person / dem nicht dauernd getrennt lebenden Ehegatten.

39 ☐ bei (Name und Anschrift, ggf. Verwandtschaftsverhältnis zum Kind) oder in (Anschrift)

40 Bei einem Kind, das bei beiden Elternteilen oder bei einem Eltern- und einem Großelternteil gemeldet war:

41 ☐ Ich beantrage die Zuordnung des Kindes. Die Mutter / der Vater hat lt. **Anlage K** zugestimmt. ☐ Ich habe zugestimmt, dass das Kind dem Vater / dem Großelternteil zugeordnet wird.

Freibetrag zur Abgeltung eines Sonderbedarfs bei Berufsausbildung eines volljährigen Kindes

42

43 Das Kind war vom … bis … auswärtig untergebracht.

44 Anschrift

45 Nur bei geschiedenen oder dauernd getrennt lebenden Eltern oder bei Eltern eines nichtehelichen Kindes:
☐ Laut beigefügtem gemeinsamen Antrag ist der Freibetrag zur Abgeltung eines Sonderbedarfs bei Berufsausbildung in einem anderen Verhältnis als je zur Hälfte aufzuteilen.

Kinderbetreuungskosten

46

47 ☐ Das Kind hat das 14. Lebensjahr noch nicht vollendet. ☐ Das Kind ist wegen einer vor Vollendung des 27. Lebensjahres eingetretenen Behinderung außerstande, sich selbst zu unterhalten. vom – bis

48 Es bestand ein **gemeinsamer Haushalt** der Elternteile vom – bis … Das Kind gehörte zu unserem Haushalt vom – bis

49 Ich war als ☐ (Pflege-)Vater ☐ (Pflege-)Mutter vom – bis: erwerbstätig | in Ausbildung | behindert | krank

50 Der andere Elternteil war vom – bis: erwerbstätig | in Ausbildung | behindert | krank

51 Art der Dienstleistung | vom – bis | 30 Gesamtaufwendungen der Eltern € | 31 eigene Aufwendungen € | 32 steuerfreier Ersatz €

52 Es bestand **kein gemeinsamer Haushalt** der Elternteile vom – bis … Das Kind gehörte zu meinem Haushalt vom – bis

53 Ich war als ☐ (Pflege-)Vater ☐ (Pflege-)Mutter vom – bis: erwerbstätig | in Ausbildung | behindert | krank

54 Art der Dienstleistung | vom – bis | 22 eigene Aufwendungen € | 23 steuerfreier Ersatz €

Schulgeld

55 an eine Ersatz- oder allgemein bildende Ergänzungsschule

56 Bezeichnung der Schule | 24 Betrag €

Übertragung des Behinderten- bzw. Hinterbliebenen-Pauschbetrags

57

58 Das Kind ist ☐ hinterblieben ☐ behindert ☐ blind / ständig hilflos ☐ geh- und stehbehindert | Grad der Behinderung | 25

59 Ausweis / Rentenbescheid / Bescheinigung | ausgestellt am | gültig von – bis | Nachweis ☐ ist beigefügt. ☐ hat bereits vorgelegen.

60 Nur bei geschiedenen oder dauernd getrennt lebenden Eltern oder bei Eltern eines nichtehelichen Kindes:
☐ Laut beigefügtem gemeinsamen Antrag sind die für das Kind zu gewährenden Pauschbeträge für Behinderte / Hinterbliebene in einem anderen Verhältnis als je zur Hälfte aufzuteilen.

19 Zeilen 30 bis 36 Steuerung	27 Zeilen 42 bis 45	20 Zeilen 48 bis 51 Anzahl Monate	21 Zeilen 52 bis 54 Anzahl Monate	33 Zeilen 48 bis 54 personell	25 Grad der Behinderung – bei Blinden u. ständig Pflegebedürftigen „300" eintragen –	
26 Hinterbliebenen-Pauschbetrag Ja = 1	28 Zeile 60 %	29				801 Haushaltsfreibetrag Ja = 1 Nein = 0

2.5.15 Reisekostenabrechnung

SACHVERHALT

2 Ein Mandant, die Nightware Steffen und Andre Ermani OHG aus Düsseldorf, stellt hochwertige Nachtwäsche her und vertreibt sie an Einzelhändler im In- und Ausland.

Die Firma beschäftigt einige Angestellte im Verkauf für die immer wieder Reisekosten anfallen.

Der Geschäftsführer Steffen Ermani hat einige Beispiele aufgelistet und bittet Sie, ihm die steuerlichen Konsequenzen zu erklären.

Fall 1

Ein Angestellter fährt mit dem eigenen Pkw von Düsseldorf zu verschiedenen Kunden im Großraum Frankfurt. Er fährt um 5.30 Uhr von zu Hause los und kehrt um 21.00 Uhr am selben Tag wieder zurück. Er hat außer der Quittung einer Tankstelle über 70,00 Euro keine Belege für Auslagen vorgelegt. Insgesamt fuhr er an diesem Tag 675 km.

Fall 2

Ein anderer Angestellter betreut die Kunden im Raum Berlin/Brandenburg. Er fuhr mit einem betrieblichen Fahrzeug am Montag, den 24.3. um 6.00 Uhr von zu Hause los und kehrte am Freitag, den 28.3. um 16.30 Uhr wieder zurück. Für die Übernachtungen liegt eine ordnungsgemäße Rechnung eines Hotels vor. Sie beträgt 200,00 Euro und beinhaltet das Frühstück. An Telefonkosten (betrieblich bedingt) hat der Angestellte 25,00 Euro ausgelegt.

Der Angestellte soll die höchstmöglichen Pauschalen für Verpflegungsmehraufwendungen ausgezahlt bekommen.

Aufgabe:

Erklären Sie Herrn Ermani, welche Aufwendungen er seinen Mitarbeitern steuerfrei ersetzen darf.

Zeigen Sie ihm anhand des zweiten Falles, wie die Reisekostenabrechnungen korrekt auszufüllen sind.

Reisekosten-Abrechnung

Name des Abrechnenden: ....

Beginn der Reise: .... - .... - .... um .... Uhr; **Ende**: .... - .... - .... um ....Uhr

Anlass der Dienst-/Geschäftsreise: ....

Besuchte Orte: ....

Reise wurde ausgeführt mit: eigenem Kfz - Dienstwagen - Bahn - Flugzeug - ....

	Bruttoausgaben	USt (Vor-Steuer)	Nettobetrag
Fahrtkosten			
Bahnfahrtkarten lt. Anlage .... EUR			
Sonst. Fahrausweise (z.B. Taxi) lt. Anlage .... EUR			
Flugkarten lt. Anlage .... EUR			
.... lt. Anlage .... EUR			
Autokosten Betriebl. Kfz, Kraftstoff/Öl usw .... EUR			
Kilometersatz bei eigenem Kfz .... km x ....0,30 EUR.......... = ... EUR			
Aufwendungen für Unterbringung Nach beigefügten Belegen .... EUR			
Pauschalbeträge bei Arbeitnehmern .... Tage zu 20 EUR = ... EUR			
Verpflegungsmehraufwand Pauschalbeträge ..... Tage (mind. 24 Std.) zu je 24 EUR = ... EUR ..... Tage (mind. 14 Std.) zu je 12 EUR = ... EUR ..... Tage (mind. 8 Std.) zu je 6 EUR = ... EUR			
Übertrag			

Übertrag

Kürzung

Frühstück 4,50 EUR, wenn Übernachtungsbeleg Frühstück beinhaltet, bei Auslands-Übernachtungen 20 % der jeweiligen Auslandspauschale ./. .... EUR

Vom Arbeitgeber/ Dritten kostenlos erhaltene Mahlzeiten

.... Frühstück(e) zu 1,40 EUR = ... EUR
.... Mittag- oder Abendessen 2,51 EUR = ... EUR
Summe ....EUR

(Bitte ankreuzen)

- o Kürzung der Reisekostenerstattung
- o Versteuerung mit laufendem Arbeitslohn

Bitte der Lohn- und Gehaltsabrechnung melden und nicht von der Reisekostenerstattung abziehen.
= .... EUR

Nebenkosten (Telefon-/ Faxgebühren, Porto, Trinkgelder, Parkgebühren usw.) lt. umseitiger Aufstellung .... EUR

Summe

....

Datum Ort Unterschrift

....

2.5.16 Ermittlung des zu versteuernden Einkommens

SACHVERHALT:

Sie haben für ihre Mandantin, die selbstständige Friseurmeisterin Lizzy Mertens, die 3
Buchhaltung bis einschließlich 31.12. des Vorjahres erstellt. Alle Abschlussbuchungen haben Sie ebenfalls gebucht.

Der ermittelte Gewinn beläuft sich auf 76.800,00 Euro. Frau Mertens ist ledig und wohnt in ihrem Eigenheim in Lauenburg im Meisenweg 11.

Aus dem vermieteten Mietwohngrundstück in Lauenburg ermittelten Sie Einkünfte in Höhe von 16.400,00 Euro. Weitere Einkünfte hat Lizzy nicht.

An Sonderausgaben haben Sie verbucht:

Kranken und Pflegeversicherung	4.400,00 Euro
Lebensversicherungsbeiträge	2.900,00 Euro
Private Haftpflichtversicherung	800,00 Euro
Unfallversicherung	600,00 Euro
Kirchensteuer	1.400,00 Euro
erstattete Kirchensteuer	390,00 Euro
Spenden an eine politische Partei	3.800,00 Euro
Spende an die örtliche Kirchengemeinde	800,00 Euro

Auf dem Konto agB. haben Sie Krankheitskosten von 2.500,00 Euro verbucht. Die Behandlung war ärztlich verordnet. Die Krankenkasse erstattete einen Betrag von 1.600,00 Euro. Die Rezeptgebühren beliefen sich auf insgesamt 250,00 Euro. Saldo des Kontos = 1.150,00 Euro.

Lizzy unterstützt ihre Mutter jeden Monat mit einem Betrag von 400,00 Euro. Die Mutter erhält Vorsorgungsbezüge in Höhe von monatlich 300,00 Euro. Sie wohnt in ihrer bescheidenen Eigentumswohnung in Lauenburg. Diese hat sie von ihrem verstorbenen Ehemann geerbt. Sonstiges Vermögen liegt nicht vor.

Um das Angebot an ihre Kundinnen zu erweitern besuchte Lizzy in diesem Jahr an den Wochenenden eine Fortbildung zur Kosmetikerin. Es entstanden folgende Kosten: Kursgebühr 3.200,00 Euro, Fachbücher 400,00 Euro und Fahrtkosten in Höhe von 350,00 Euro.

Aufgabe:

Bitte ermitteln Sie das zu versteuernde Einkommen für Frau Mertens. Errechnen Sie bitte auch die Entlastung für die gewerblichen Einkünfte.

2.5.17 Einkünfte aus Vermietung und Verpachtung

SACHVERHALT:

1 Tobias Baumert ist am 31.12.1937 geboren. Er ist ledig und bewohnt eine Wohnung seines Mietwohngrundstücks in Hamburg.

Das Mietwohngrundstück besteht aus vier gleichwertigen Wohnungen, wovon drei Wohnungen zur ortsüblichen Miete in Höhe von monatlich 400,00 Euro vermietet sind.

Für das gesamte Grundstück fielen im letzten Jahr folgende Kosten an:

Darlehenszinsen	2.300,00 Euro
Grundsteuer, Müllabfuhr, Straßenreinigung	500,00 Euro
Kaminkehrer	150,00 Euro
Brandversicherung	250,00 Euro
AfA gem. § 7 (4) EStG	5.100,00 Euro

Tobias erhält seit seinem 60. Lebensjahr eine Brutto-Rente der BfA in Höhe von monatlich 1.500,00 Euro.

Als Kinderbuchautor erhielt Tobias im letzten Jahr von seinem Verlag ein Honorar für das letzte Jahr in Höhe von 2.500,00 Euro und für das Vorjahr einen Betrag von 1.500,00 Euro.

Mit diesen Einnahmen im Zusammenhang stehende Betriebsausgaben betrugen insgesamt 500,00 Euro.

Aufgabe:

Ihr Chef beauftragt Sie, den Gesamtbetrag der Einkünfte von Tobias Baumert zu berechnen.

2.5.18 Gesamtbetrag der Einkünfte

SACHVERHALT:

2

Ralf und Ina Hofmann sind seit dem 15.12.1968 verheiratet. Ralf ist am 16.09.1936, und Ina am 02.01.1938 geboren. Die Ehegatten wählen die Zusammenveranlagung.

Seit seinem 60 Lebensjahr erhält Ralf Versorgungsbezüge von monatlich 3.200,00 Euro.

Ralf arbeitet noch halbtags bei seinem Schwager in dessen Buchhandlung. Er erzielte aus dieser Tätigkeit einen Jahresbruttolohn von 6.000,00 Euro.

Ina ist weiterhin als Schneidermeisterin in ihrer Wertstatt tätig. Ihre Betriebseinnahmen vom letzten Jahr betrugen insgesamt 40.000,00 Euro. Betriebsausgaben wurden mit 12.000,00 Euro errechnet.

Ralf und Ina haben einen Teil ihres Geldes in festverzinsliche Wertpapiere investiert. Hieraus flossen ihnen im letzten Jahr Zinsen in Höhe von 4.500,00 Euro zu. (brutto)

Aus seiner Rosenzucht erwirtschaftete Ralf im Wirtschaftsjahr 2001/2002 einen Gewinn von 8.000,00 Euro und im Wirtschaftsjahr 2002/2003 einen Verlust von 6.000,00 Euro.

Aufgabe:

Berechnen Sie bitte den Gesamtbetrag der Einkünfte 2002 für die Eheleute Hofmann.

Raum für eigene Notizen:

2.6 Themenbereich GewSt und KSt Sachverhalte + Berechnungen

2.6.1 Berechnung KSt-Schuld

SACHVERHALT:

Ihr Mandant Jürgen Berger ist Geschäftsführer der Fischer GmbH. Die Gesellschaft hat ihren Sitz in Köln. 2

Seine Buchhalterin hat die vorläufige Gewinn- und Verlustrechnung erstellt. Alle handelsrechtlichen Vorschriften wurden beachtet.

In den sonstigen betrieblichen Aufwendungen sind folgende Beträge enthalten:

Vergütungen an den Aufsichtsrat	4.000,00 Euro
Spenden an eine politische Partei	1.000,00 Euro
Spenden für wissenschaftliche Zwecke	2.445,00 Euro
nicht abziehbare Betriebsausgaben einschließlich der Vorsteuer	2.500,00 Euro

Aufgabe:

Ermitteln Sie bitte anhand der folgenden verkürzten Gewinn- und Verlustrechnung das zu versteuernde Einkommen der Fischer GmbH.

Berechnen Sie bitte auch anschließend die Körperschaftsteuerschuld.

Fischer GmbH

Vorläufige Gewinn- und Verlustrechung per 31.12.200x

Nr. Posten	**Euro**	**Euro**
Umsatzerlöse		850.000,00
Materialaufwand	300.000,00	
Personalaufwand	220.000,00	
Kfz- Kosten	35.000,00	
Leasing für Maschinen	15.000,00	
Abschreibungen auf Sachanlagen	30.000,00	
sonstige betriebliche Aufwendungen	60.000,00	660.000,00
Ergebnis der gewöhnlichen Geschäftstätigkeit		**190.000,00**
Körperschaftsteuer – Vorauszahlungen		81.000,00
Solidaritätszuschlag		4.455,00
vorläufiger Jahresüberschuss		**104.545,00**

2.6.2 Steuerschuld einer GmbH

SACHVERHALT:

Die Brüder Werner und Alfred König haben im letzten Jahr eine GmbH gegründet.

Werner ist zu 60% und Alfred zu 40 % an der GmbH beteiligt. 2

Sie produzieren und vertreiben erfolgreich Fußbälle.

Den Jahresabschluss nach handelsrechtlichen Vorschriften haben Sie erstellt.

Die Korrekturen nach körperschaftsteuerlichen Vorschriften haben Sie ebenfalls durchgeführt.

Hiernach ergibt sich ein zu versteuerndes Einkommen für die König GmbH in Höhe von 520.000,00 Euro.

Aufgabe:

Werner und Alfred König möchten gerne wissen, welche Steuerschuld sich für die GmbH ergibt.

Die Brüder haben per Gesellschafterversammlung beschlossen, dass der gesamte Gewinn an sie ausbezahlt werden soll.

Die Mandanten fragen Sie, welche Einnahmen in welcher Höhe dem einzelnen Gesellschafter zufließen.

2.6.3 Ermittlung des GewSt-Messbetrages

SACHVERHALT:

2 Hugo Stantmann hat auf seinem Betriebsgrundstück in Dortmund ein Restaurant errichtet.

Das Betriebsgrundstück hat einen Einheitswert von 90.000,00 Euro und wird ausschließlich für eigene gewerbliche Zwecke genutzt.

Sie haben für letztes Jahr einen Gewinn aus Gewerbebetrieb von 46.520,00 Euro ermittelt.

Folgende Konten haben Sie über das Gewinn- und Verlustkonto abgeschlossen:

Nicht abzugsfähige Bewirtungskosten mit einem Saldo von	1.600,00 Euro
Geschenke über 40,00 Euro mit einem Saldo von	1.400,00 Euro
Nicht abzugsfähige Vorsteuer mit einem Saldo von	480,00 Euro

Für den Kauf des Grundstücks hat Hugo eine Hypothek über 50.000,00 Euro aufgenommen.

Diese Hypothek wird jährlich mit 5 % verzinst.

Sein Schwager Jürgen ist als stiller Gesellschafter an dem Gewerbebetrieb beteiligt.

Der Gewinnanteil belief sich aus insgesamt 4.500,00 Euro.

Hugo leistete aus betrieblichen Mitteln eine Spende an die örtliche Kirchengemeinde in Höhe von 1.500,00 Euro.

Hugo ist seit Jahren an der Schlemmer KG beteiligt. Im wurde ein Verlust in Höhe von 2.000,00 Euro zugewiesen.

Aufgabe:

Berechnen Sie übersichtlich den GewSt-Messbetrag für Ihren Mandanten Herrn Stantmann.

2.6.4 Die Aktiengesellschaft

SACHVERHALT:

Sie sind in Ihrer Kanzlei im Team für die innerbetriebliche Unterweisung der Auszubildenden dabei. Ihr nächstes Thema heißt „Die AG". 3

In einer Wirtschaftszeitung finden Sie eine Bilanz einer AG, die sich für die Unterweisung prima eignet.

Aufgabe:

Erläutern Sie Ihren Auszubildenden anhand der Bilanz folgende Sachverhalte:

Nach welchen Vorschriften ist der Jahresabschluss einer AG zu erstellen?

Wie ist das Eigenkapital aufgebaut?

Was bedeutet eigentlich „verwendbares Eigenkapital"?

Errechnen Sie aus der Bilanz den Kurs. Der tatsächliche Kurs der Aktie beträgt heute 185,98.

Woher kommt der Unterschied?

Wie werden Gewinne von Aktiengesellschaften versteuert?

Medipill Arzneimittel AG

Bilanz per 31.12.200x **Werte in TEUR**

A. Anlagevermögen		**A. Eigenkapital**	
Sachanlagen		I. Gezeichnetes Kapital	65.000,00
1. Grundstücke	50.500,00	II. Kapitalrücklage	5.500,00
2. Gebäude	60.300,00	III. Gewinnrücklagen	
3. Maschinelle Anlagen	35.900,00	Gesetzliche	6.950,00
4. Betriebs- und Geschäftsausstattung	22.500,00	Andere	1.400,00
		IV. Bilanzgewinn	34.127,00
		B Rückstellungen	
B. Umlaufvermögen		1. Steuerrückstellungen	120,00
1. Vorräte	13.100,00		
2. Forderungen	3.400,00	2. Sonstige Rückstellungen	23,00
3. Kasse, Guthaben bei Kreditinstituten	350,00		
		C. Verbindlichkeiten	
		1. Gegenüber Kreditinstituten	62.000,00
C. RAP aktiv	120,00	2. Aus Lieferungen und Leistungen	9.450,00
		3. Sonstige Verb.	1.600,00
	186.170		**186.170**

2.6.5 Gewerbesteuerschuld

SACHVERHALT:

Tobias Werther betreibt in der Stadtmitte von Kiel einen PC-Einzelhandel. Sie haben 2
bereits die Buchführung für das letzte Jahr erstellt und einen vorläufigen Gewinn von 42.000,00 Euro ermittelt.

Der betriebliche PKW wird jährlich linear mit 1.500,00 Euro abgeschrieben.

Der Kleinbus, der ebenfalls ausschließlich betrieblich genutzt wird, ist mit einer AfA in Höhe von 2.100,00 Euro für letztes Jahr abzuschreiben.

Der Warenbestand lt. Inventur am 31.12. letzten Jahres lautet auf 45.000,00 Euro. In der Bilanz zum 31.12. des Vorjahres steht ein Warenbestand von 48.400, Euro.

Die Konten „Nicht abzugsfähige Bewirtungskosten" mit einem Saldo von 800,00 Euro und „Nicht abzugsfähige Vorsteuer" mit einem Saldo von 128,00 Euro haben Sie über das Gewinn- und Verlustkonto abgeschlossen.

Seine Schwester Ilona hat sich als stille Gesellschafterin am Geschäft von Tobias beteiligt.

Sie erhielt einen Gewinnanteil von 2.500.00 Euro.

Aus betrieblichen Mitteln wurde eine Spende in Höhe von 600,00 Euro an die Städtische Universität gezahlt.

Im letzten Jahr wurde ein Gewerbeverlust in Höhe von 15.000,00 Euro festgestellt.

Die Stadt Kiel hat einen Hebesatz von 380 %. An Vorauszahlungen wurden 3000,00 Euro geleistet.

Aufgabe:

Ermitteln Sie bitte die Gewerbesteuerschuld für Tobias Werther.

Errechnen Sie bitte auch die Entlastung gem. § 35 a EStG für gewerbliche Einkünfte.

2.6.6 Gewerbesteuer-Zerlegung

SACHVERHALT

3

Rudolf Wollner eröffnete im Jahr 1995 einen Möbeleinzelhandel in München.

Die Geschäftslage entwickelte sich sehr gut, sodass Rudolf im Jahr 1998 noch ein Möbelgeschäft in Weilheim eröffnete.

Nachdem Rudolf Wollner sich inzwischen einen guten Namen gemacht hat, betreibt er auch in Ottobrunn einen Möbelladen.

Die Stadt München hat einen Hebesatz von 480 %, die Gemeinde Weilheim einen Hebesatz von 410 % und Ottobrunn verzeichnet einen Hebesatz von 390 %.

Im letzten Jahr erzielte Rudolf einen Gewerbeertrag von insgesamt 250.000,00 Euro nach Abzug des Freibetrages.

An Arbeitslöhnen zahlte Rudolf 190.000,00 Euro.

Auf München entfallen 80.000,00 Euro, auf Weilheim 60.000,00 Euro und auf Ottobrunn 50.000,00 Euro.

Aufgabe:

Ermitteln Sie bitte den Zerlegungsmaßstab und die Gewerbesteuer für die jeweiligen Gemeinden.

2.7 Themenbereich Abgabenangelegenheiten AO

2.7.1 Einspruch, Weiterbildungskosten

SACHVERHALT:

Die Mandanten Peter und Lisa Meier aus Stuttgart übergeben Ihnen am 31.03. den 1
Einkommensteuer-Bescheid für das Vorjahr mit Datum vom 26.03. des laufenden Jahres zur Überprüfung.

Die Eheleute wundern sich, dass sie nun 124,- Euro nachzahlen sollen, anstatt die von Ihnen vorausberechneten 350,-Euro an Einkommensteuererstattung zu erhalten.

Bei der Durchsicht stellen Sie fest, dass das Finanzamt Werbungskosten des Herrn Meier nicht vollständig anerkannt hat.

Herr Meier ist als Schreinergeselle tätig und bildet sich momentan in Abendlehrgängen zum Handwerksmeister weiter. Dafür sind ihm im Vorjahr 2.500,- Euro Kosten entstanden, die das Finanzamt nicht als Werbungskosten, sondern als Sonderausgaben in Höhe von 920,- Euro anerkannt hat.

Aufgabe:

Beraten Sie die Eheleute Meier über ihre rechtlichen Möglichkeiten.

Formulieren Sie gegebenenfalls ein entsprechendes Schreiben an das Finanzamt (stichwortartig in Hauptpunkten genügt).

Markus Mustermann

Steuerberater

Markus Mustermann, Steuerberater, Hauptstr. 7, 10111 Musterstadt

Ihr Zeichen vom Unser Zeichen vom Datum

2.7.2 Einkommensteuerveranlagung auf Antrag

SACHVERHALT:

Die Erzieherin Sabine Kindlieb kommt am 28.06. diesen Jahres auf Empfehlung einer 3
Mandantin zu Ihnen ins Büro und möchte erstmals steuerlich beraten werden.

Frau Kindlieb erzählt Ihnen, dass sie als Leiterin eines Kindergartens bei einem kirchlichen Träger angestellt ist. Sie hat Fahrtkosten zwischen Wohnung und Arbeit, sowie diverse Fortbildungskosten, die bei 3.200,- Euro im Jahr liegen. Auf der Lohnsteuerkarte des Vorjahres sind folgende Vermerke:

Steuerklasse I

Bruttoarbeitslohn	25.400,- Euro
Einbehaltene LSt	3.540,- Euro
Einbehaltene SolZ	265,50 Euro
AN-Anteil zur Sozialversicherung	4.852,- Euro

Frau Kindlieb ist ledig, kinderlos und verfügt über keine weiteren Einkünfte.

In den Vorjahren waren die steuerlichen Verhältnisse ähnlich. Die Werbungskosten überstiegen immer den Pauschbetrag, Frau Kindlieb hat auch mehrere Jahre lang die Lohnsteuerkarten und Belege aufgehoben. Frau Kindlieb dachte immer, sie würde keine Einkommensteuererstattung erhalten und hat deswegen nie eine Steuererklärung eingereicht. Das Finanzamt hat sie auch nie zur Abgabe aufgefordert.

Aufgabenstellung:

Wie stellt sich die einkommensteuerliche Situation im Vorjahr dar? Erklären Sie Frau Kindlieb Ihre Ergebnisse anhand von Berechnungen.

Warum hat das Finanzamt Frau Kindlieb in den Vorjahren nicht zur Abgabe der Steuererklärungen aufgefordert? Für welche Jahre wäre eine Einkommensteuerveranlagung noch möglich?

2.7.3 Stundung von Steuernachzahlungen

SACHVERHALT:

Gundula Ärmlich führt als Einzelunternehmerin ein Handarbeitsgeschäft in der Berli-
1 ner Innenstadt. Auch Sie bekommt die allgemeine Rezession zu spüren. Umsatz und Gewinn für dieses Jahr sind stark zurückgegangen.

Frau Ärmlich hat letzte Woche verschiedene Steuerbescheide für das Vorjahr erhalten.

Aufgrund des guten Vorjahresergebnisses hat sie Nachzahlungen zu leisten.

GewSt-Schuld : 1.500,- Euro, fällig am 05.06.

Einkommensteuer-Schuld: 2.500,- Euro, fällig am 08.06.

Frau Ärmlich hat Liquiditätsprobleme und bittet Sie, dafür zu sorgen, dass sie die Nachzahlungen in Raten leisten kann. Es ist ihr möglich, monatlich 1.000,- Euro an Zahlungen zu leisten.

Aufgabe:

Erklären Sie Frau Ärmlich, welche Maßnahmen Sie ergreifen wollen.

Welche Folgen kommen auf Ihre Mandantin zu?

Formulieren Sie evtl. Schreiben stichwortartig.

Markus Mustermann

Steuerberater

Markus Mustermann, Steuerberater, Hauptstr. 7, 10111 Musterstadt

IHR ZEICHEN VOM **UNSER ZEICHEN VOM**

2.7.4 Mitwirkungspflichten

SACHVERHALT:

Frau Laura Sommermann will sich ab 1.10. des Jahres als staatlich geprüfte Dolmet-
1 scherin selbständig machen. Dafür hat sie sich ein Büro in der Berliner Innenstadt angemietet.

Ihre Auftraggeber sind Konzerne mit internationalen Kundenbeziehungen, staatliche Institutionen sowie private Verbände.

Frau Sommermann wird ab 1.10. eine Bürokraft für 25 Stunden/Woche einstellen. Diese Arbeitnehmerin soll ein monatliches Bruttogehalt von 1.300,00 Euro erhalten.

Im laufenden Jahr rechnet Frau Sommermann mit Umsätzen von 13.500,- Euro für den Zeitraum vom 1.10. bis 31.12. Durch die notwendigen Investitionen wird im ersten Jahr mit einem Verlust gerechnet. Im Folgejahr schätzt Frau Sommermann den Umsatz auf ca. 60.000,00 Euro und den Gewinn auf ca. 8.000,00 Euro.

Weitere Investitionen sind in den Folgejahren kaum notwendig.

Frau Sommermann hat einen Fragebogen vom Finanzamt erhalten und kommt damit zu Ihnen ins Steuerbüro.

Aufgabe:

Erklären Sie bitte Frau Sommermann, warum solche Fragebögen beantwortet werden müssen.

Ihre Mandantin interessiert sich vor allem für die Fragepunkte Nr. 15 bis 23. Erläutern Sie ihr bitte, was diese Fragen bedeuten und wie sie in ihrem Fall zu beantworten sind.

Welchen Rat erteilen Sie Frau Sommermann hinsichtlich der Buchführungspflichten?

Zurück an das
Finanzamt ....
Steuernummer/Aktenzeichen ....

Fragebogen für Gewerbeanmeldung -
Anmeldung einer freiberuflichen Tätigkeit

Zutreffendes bitte ankreuzen oder ausfüllen ☒

	Fragen	Antworten
1.	Vor- und Zuname des Gewerbetreibenden/ freiberuflich Tätigen (= Steuerpflichtigen)	
2.	Vor- und Geburtsname des Ehegatten	
3.	Wohnung (Ort, Straße, Telefon-Nr.)	
4.	Bankverbindung (Bankleitzahl, kontoführendes Institut, Konto-Nr.)und Kontoinhaber	☐ alle **Steuererstattungen** sollen an folgende Bankverbindung erfolgen: ☐ **Personensteuererstattungen** (z.B. Einkommensteuer) sollen an folgende Bankverbindung erfolgen: ☐ **Betriebssteuererstattungen** (z.B. Umsatzsteuer, Lohnsteuer) sollen an folgende Bankverbindung erfolgen:
5.	a) Geburtsdatum des Steuerpflichtigen b) Geburtsdatum des Ehegatten	
6.	a) Religion des Steuerpflichtigen b) Religion des Ehegatten	
7.	Anzahl der zu berücksichtigenden Kinder (§ 32 Abs. 1-5 des Einkommensteuergesetzes - EStG -)	
8.	bei Ehegatten: a) Familienstand b) Güterstand	☐ ledig ☐ verheiratet seit ______ ☐ verwitwet seit ______ ☐ dauernd getrennt lebend seit ______ ☐ geschieden seit ______
9.	Wird oder wurde bereits eine Einkommensteuerveranlagung für das Jahr des Betriebsbeginns bzw. der Aufnahme der Tätigkeit und/oder für die beiden vorhergehenden Jahre durchgeführt?	☐ nein Finanzamt ______ ☐ ja Steuernummer ______
10.	Steuerliche Beratung Ggf. Name u. Anschrift des steuerlichen Vertreters	☐ nein ______ ☐ ja ______ Name, Anschrift des steuerlichen Vertreters
11.	Falls erst zugezogen a) von woher b) wann? c) frühere Anschrift?	
12.	Art des Gewerbes/der freiberuflichen Tätigkeit Unternehmensform ggf. Name und Anschrift des/ der Beteiligten	______ ☐ Einzelfirma ☐ Personengesellschaft (z. B: GbR) **Hinweis:** Für eine Personengesellschaft ist ein weiterer Fragebogen abzugeben. Dieser wird Ihnen noch gesondert zugesandt.
13.	Beginn der Gewerbeausübung/der freiberuflichen Tätigkeit	
14.	Betriebssitz (Ort, Straße, Telefon-Nr.)	
15.	Zahl der Arbeitnehmer insges.: ______ davon fest beschäftigt: ______ Aushilfs- u. Teilzeitkräfte: ______	Ort der lohnsteuerlichen Betriebsstätte ______ ______ Beginn der Lohnzahlung: ______
16.	Gewinnermittlungsart	☐ Einnahmen/Überschussrechnung ☐ Vermögensvergleich
17.	Höhe des voraussichtlichen a) Jahresumsatzes in € b) Jahresgewinns in €	laufendes Kalenderjahr: a) b) — folgendes Kalenderjahr: a) b)
18.	Abgabezeitraum der Lohnsteuer-Anmeldung (Hinweise im Merkblatt Abschnitt IV bitte beachten). Zum Abgabezeitraum der Umsatzsteuer-Voranmeldung siehe Abschnitt III des Merkblatts.	☐ monatlich ☐ vierteljährlich ☐ jährlich

Steuernummer/Aktenzeichen ....

	Fragen	Antworten
19.	a) Die Umsatzsteuer-Voranmeldungen b) Die Lohnsteuer-Anmeldungen werden erstellt	☐ mit abweichendem Vordruck ☐ mittels Datenübermittlung ☐ mit abweichendem Vordruck ☐ mittels Datenübermittlung
20.	Es wird Antrag auf Besteuerung nach vereinnahmten Entgelten nach § 20 des Umsatzsteuergesetzes (UStG) gestellt, weil	☐ der Gesamtumsatz im Vorjahr bzw. bei Unternehmensbeginn der voraussichtliche Gesamtumsatz 125.000 € nicht übersteigt (§ 20 Abs. 1 Nr. 1 UStG) ☐ Befreiung von der Buchführungspflicht nach § 148 der Abgabenordnung (AO) besteht (§ 20 Abs. 1 Nr. 2 UStG) ☐ nur Umsätze aus der Tätigkeit als Angehöriger eines freien Berufes i.S. des § 18 Abs. 1 Nr. 1 EStG ausgeführt werden (§ 20 Abs. 1 Nr. 3 UStG)
21.	Es wird Antrag auf erleichterte Trennung der Entgelte gem. § 63 Abs. 4 der Umsatzsteuer-Durchführungsverordnung (UStDV) gestellt	☐ nachträglich unter Berücksichtigung des Wareneingangs ☐ nach anderen Merkmalen Die Methode der Entgeltsaufteilung ist auf einem besonderen Blatt zu erläutern
22.	Wird die Umsatzsteuer in den von Ihnen ausgestellten Rechnungen offen ausgewiesen?	☐ ja ☐ nein
23.	Ich benötige eine Umsatzsteuer-Identifikationsnummer	☐ ja ☐ nein (bei Teilnahme am innergemeinschaftlichen Handel)
24.	Vom Kalenderjahr abweichendes Wirtschaftsjahr? Ggf. von/bis Besteht ein Eintrag im Handelsregister?	☐ ja ☐ nein _______________ / _______________ ☐ ja ☐ nein
25.	Werden in mehreren Gemeinden Betriebsstätten unterhalten?	☐ ja ☐ nein wenn ja, in den Gemeinden
26.	Eröffnungsbilanz ist beizufügen	☐ liegt bei ☐ wird nachgereicht
27.	Ist früher schon ein Gewerbe betrieben/eine freiberufliche Tätigkeit ausgeübt worden? Art der Tätigkeit: Besteht das Gewerbe/die Tätigkeit noch?	☐ nein ☐ ja Finanzamt: _______________ Steuernummer: _______________ _______________________________________ ☐ ja ☐ nein bis_______________
28.	Ist ein Unternehmen oder ein gesondert geführter Betrieb übernommen worden? a) Name und Anschrift des bisherigen Betriebsinhabers b) Falls bekannt: Finanzamt und Steuernummer des bisherigen Betriebsinhabers Wie erfolgte die Übernahme? **Hinweis**: Ein schriftlicher Kaufvertrag ist beizufügen	☐ ja ☐ nein a) _______________________________________ _______________________________________ b) _______________________________________ ☐ entgeltlich, Kaufpreis _______________ DM / € ☐ schriftlicher Kaufvertrag liegt vor ☐ ja ☐ nein wenn ja: Kaufvertrag ist beigefügt davon als Umsatzsteuer in einer Rechnung ausgewiesen __________DM / € ☐ unentgeltlich ☐ Erbfall ☐ Schenkung ☐ __________
29.	Art und voraussichtliche Höhe anderer Einkünfte - auch des Ehegatten - für das laufende und folgende Kalenderjahr	20__ 20__ Land- u. Forstwirtschaft ________ € ________ € Gewerbebetrieb ________ € ________ € Selbständige Arbeit ________ € ________ € Nichtselbständige Arbeit ________ € ________ € Kapitalvermögen ________ € ________ € Vermietung u. Verpachtung ________ € ________ € Sonstige Einkünfte ________ € ________ €
30.	Voraussichtliche Höhe der Sonderausgaben und weiterer Abzugsbeträge (z.B. § 10e EStG) in €	
31.	Wünschen Sie die Übersendung von Teilnehmererklärungen für das Lastschrifteinzugsverfahren?	☐ ja, ich bin an diesem für das Finanzamt und mich einfachsten Zahlungsweg interessiert.

Ich versichere, dass ich die Angaben nach bestem Wissen und Gewissen richtig und vollständig gemacht habe.

_______________________________ _______________________________
(Ort, Datum) (Eigenhändige Unterschrift)

2.8 Themenbereich Buchhaltung organisieren + buchen

2.8.1 Buchführungspflichten, Gewinnermittlung, Personal

SACHVERHALT: 1

Dipl. Ing. Werner Schraube aus Bremen möchte sich als unabhängiger Kfz-Gutachter selbständig machen.

Er will eine Sekretärin einstellen, die zunächst nur etwa 10 Stunden in der Woche tätig sein wird und monatlich 325,- Euro verdienen soll. Die Sekretärin legt eine Lohnsteuerkarte mit der Steuerklasse V vor, bisher war sie über ihren Ehemann in der AOK familienversichert.

Aufgabe:

Herr Schraube wünscht eine Beratung über

- Buchführungspflichten, die er zu erfüllen hat
- die Form der Gewinnermittlung am Jahresende
- die Formalitäten, die bei der Einstellung der Sekretärin zu beachten sind.

Beraten Sie Herrn Schraube anhand der gesetzlichen Vorschriften.

2.8.2 Ordnungsmäßigkeit der Buchführung

SACHVERHALT:

Paul Pommes hat den Kiosk im Stadtkrankenhaus übernommen. Sein Sortiment be-
2 steht aus Zeitschriften, Süßigkeiten, Eis und Getränken.

Herr Pommes lässt die jährliche Gewinnermittlung mit Steuererklärungen in Ihrer Kanzlei fertigen. Während des Jahres möchte er seine Aufzeichnungspflichten selber erfüllen. Dafür hat er sich unter anderem Kassenberichte angeschafft. Er beschäftigt nur hin und wieder eine Studentin als Aushilfe, weitere Arbeitnehmer hat er nicht angestellt.

Er rechnet bei einem Umsatz von 39.000,00 Euro mit einem Gewinn von 10.000,00 Euro (nur für den Kioskbetrieb).

Neben dem Kiosk ist ein kleiner Platz im Gang frei. Herr Pommes möchte dort gerne fünf Bistrotische mit insgesamt 20 Sitzplätzen aufstellen. Er glaubt, dass viele Patienten und Besucher gerne ein Kaffee- und Kuchenangebot annehmen würden.

Den Umsatz könnte man seiner Meinung nach um 32.000,00 Euro und den Gewinn um 18.000,00 Euro steigern.

Aufgabe.

Beraten Sie Herrn Pommes hinsichtlich seiner Buchführungspflichten.

Was muss er beim Führen des Kassenberichtes beachten?

Wie beurteilen Sie Herrn Pommes Idee mit den Bistrotischen steuerlich? Er fragt Sie, ob das Auswirkungen auf seine Aufzeichnungen hat.

Kassenbericht

Nr. Datum

Buchungsvermerke

Kassenbestand bei Geschäftsschluß

Ausgaben im Laufe des Tages

Wareneinkäufe und Warennebenkosten

Vorsteuer

Netto-/Brutto-Betrag

Geschäftsausgaben

Privatentnahmen — —

Sonstige Ausgaben

Vorsteuer bei Nettobetrag

Summe

abzüglich Kassenbestand des Vortages

Kasseneingang

abzüglich sonstige Einnahmen

Kundenzahl

Einnahmen (Tageslosung)

DM/Kunde

Unterschrift

2.8.3 Ordnungsmäßigkeit Aufzeichnungen

SACHVERHALT:

1 Sie erstellen die monatliche Buchführung November für Ihren Mandanten, den Taxiunternehmer Rudi Raser aus Regensburg.

Dabei fallen Ihnen folgende Sachverhalte auf:

Der Mandant führt handschriftlich ein Kassenbuch. Mehrere Zeilen wurden mit Tippex überstrichen und ausgebessert.

Trotzdem ergibt sich in diesem Monat eine Kassendifferenz von 15,- Euro. Herr Raser hat bei der Zählung seines Kassenbestandes 15,- Euro mehr errechnet, als die Zahlen des Kassenbuches ergeben.

Weiterhin fällt Ihnen die beigefügte Rechnung auf:

Aufgabe:

Besprechen Sie die Sachverhalte mit Ihrem Mandanten Rudi Raser.

Rudi Raser **Regensburg-Taxi**

An der steinernen Brücke 2 94523 Regensburg

Firma

Müller GmbH

Herrn Müller

Postfach 1234

94523 Regensburg

10.11.200x

Rechnung

Fahrt von Regensburg zum Flughafen München am 09.11.

Sonderpreis lt. Vereinbarung	120,-- Euro
+ 7% USt	8,40 Euro
	128,40 Euro

Bitte überweisen Sie den Betrag auf unser Konto 222222 bei der Stadtsparkasse Regensburg BLZ 720 500 00.

Vielen Dank für Ihren Auftrag.

Mit freundlichen Grüßen

Rudi Raser

2.8.4 OP-Liste

SACHVERHALT:

Herr Mike Müller, ein neuer Mandant in Ihrer Kanzlei, vertreibt Softwareprodukte im
1 In- und Ausland. Er hat sich freiwillig ins Handelsregister eintragen lassen. Zu Beginn
seiner Tätigkeit wurde entschieden, dass er die Regelung gem. § 19(1) UStG in Anspruch nimmt.

Seit zwei Monaten fertigen Sie seine Buchhaltung.

Herr Müller ist zwar ein ausgezeichneter Softwareexperte und seine Firma ist sehr gut angelaufen, aber von kaufmännischen Vorgängen hat er bisher wenig Ahnung.

Ihr Mandant möchte die Vorgänge in der Buchhaltung aber wenigstens in Grundzügen verstehen und stellt Ihnen einige Fragen zu den Auswertungen.

Aufgabe:

Erklären Sie Herrn Müller bitte, was es mit der OP-Liste auf sich hat.

Herr Müller möchte gerne wissen, was die Daten auf den Kontenblättern aussagen. Erläutern Sie ihm bitte die Daten auf dem Konto 1000.

Ganz besonders interessiert ihn, warum in der Spalte USt bei ihm nichts drin steht.

OP-Liste Debitoren

Datum	Stapel	Fälligkeit	BelegNr.	OP-Betrag	M	Konto	Name	Text
08.02.2002	nein	10.03.2002	183	391,79	0	11120	Diebel	RG2024017 Diebel Peter
22.02.2002	nein	24.03.2002	306	-391,79	0	11120	Diebel	RG2024017 Diebel Peter
20.03.2002	nein	19.04.2002	319	781,79	0	11120	Diebel	RG2024044 Diebel Peter
19.04.2002	nein	19.05.2002	523	-781,79	0	11120	Diebel	RG2024044 Diebel Peter
04.06.2002	nein	04.07.2002	624	299,00	0	11120	Diebel	RG2024070 Diebel Peter
03.07.2002	nein	02.08.2002	843	-299,00	0	11120	Diebel	RG2024070 Diebel Peter
05.12.2002	nein	04.01.2003	AR52	36.482,23	0	10200	Computer & Software GmbH	Erlöse 16% USt
10.12.2002	nein	09.01.2003	1331	3.982,68	0	10100	EDV Service Schmitt	RG2024167 EDV Service Schmitt
12.12.2002	nein	11.01.2003	AR54	38.167,42	0	10701	Mediasoft	Erlöse 16% USt
18.12.2002	nein	17.01.2003	AR55	52.619,69	0	11102	Ochsemann	Erlöse 16% USt
31.01.2003	nein	02.03.2003	2024013	956,69	0	11129	Zimmermann	RG2024013 Zimmermann Heike
08.02.2003	nein	10.03.2003	2024017	391,79	0	11120	Diebel	RG2024017 Diebel Peter
08.02.2003	nein	10.03.2003	2024022	641,55	0	11007	Johanson GmbH	RG2024022 Johanson GmbH
12.02.2003	nein	14.03.2003	2025003	1.867,77	0	11008	Shopmarkt AG	SR2025003 Shopmarkt AG
12.02.2003	nein	14.03.2003	2024021	73,40	0	11128	Böhm	RG2024021 Böhm Marion
12.02.2003	nein	14.03.2003	2024026	402,99	0	11112	Ritter	RG2024026 Ritter Johann
12.02.2003	nein	14.03.2003	2024027	549,90	0	11129	Zimmermann	RG2024027 Zimmermann Heike
14.02.2003	nein	16.03.2003	2024003	2.223,00	0	11006	Berger & Berger GmbH & Co KG	RG2024003 Berger & Berger GmbH & Co KG
15.02.2003	nein	17.03.2003	2027001	-370,50	0	11006	Berger & Berger GmbH & Co KG	GS2027001 Berger & Berger GmbH & Co KG
15.02.2003	nein	17.03.2003	2024018	391,79	0	11134	Gärtner	RG2024018 Gärtner Thorsten
15.02.2003	nein	17.03.2003	2024029	12,99	0	11107	Pappe	RG2024029 Pappe Nina
16.02.2003	nein	18.03.2003	2024019	391,79	0	11111	Reiter	RG2024019 Reiter Lothar
16.02.2003	nein	18.03.2003	2024028	338,80	0	11119	Schröder	RG2024028 Schröder Bernd
16.02.2003	nein	18.03.2003	2024013	-956,69	0	11129	Zimmermann	RG2024013 Zimmermann Heike
19.02.2003	nein	21.03.2003	2024030	727,90	0	11106	Köpke	RG2024030 Köpke Monika
22.02.2003	nein	24.03.2003	2024031	889,20	0	10600	ABC Software	RG2024031 ABC Software
22.02.2003	nein	24.03.2003	2024032	166,50	0	11119	Schröder	RG2024032 Schröder Bernd
22.02.2003	nein	24.03.2003	2024017	-391,79	0	11120	Diebel	RG2024017 Diebel Peter
26.02.2003	nein	28.03.2003	2024033	6.158,08	0	11002	Computer 1000+1	RG2024033 Computer 1000+1
26.02.2003	nein	28.03.2003	2024034	249,90	0	11109	Berger	RG2024034 Berger Sabine
28.02.2003	nein	30.03.2003	2024035	600,90	0	11105	Eckert	RG2024035 Eckert Horst
Summe				146.587,98				

Sachkonten Januar 2003

Konto: 01000 Kasse

letzte Buchung			EB-Wert	Saldo alt		Jahres-verkehrszahlen alt			
26.03.			0,00 S		0,00 S	0,00 S	0,00 H		
Datum	Beleg Nr.	Journal Nr.	Buchungstext	Gegen-Konto	Kosten-Stelle	Betrag Soll	Betrag Haben	USt-Konto	Satz %
01.01.	23	288	EB-Wert	09000		5.558,80			
05.01.	18	10	Pflaster	04980	500		2,50		
08.01.	17	12	Nägel	04980	100		3,70		
09.01.	19	14	Müllbeutel	04980	300		3,20		
11.01.	15	23	Stifte	04930	500		5,00		
12.01.	7	25	FR-BZ 453	04530	100		45,00		
14.01.	8	35	FR-JH 568	04530	200		52,00		
16.01.	16	40	Div.	04930	200		9,20		
18.01.	6	45	Porto	04910	400		25,00		
18.01.	11	46	Fred Meier	04660	100		20,00		
18.01.	2003	47	FR-DH 857	04530	200		32,00		
25.01.	4	54	Privatentnahme	01800			60,00		
Summe						5.558,80	257,60		
gebucht bis			EB-Wert	Saldo neu		Jahres-verkehrszahlen neu			
31.01.2003			5.558,80 S		5.301,20 S	0,00 S	257,60 H		

2.8.5 Abschlussbuchungen

SACHVERHALT:

Die laufende Buchführung für Ihre Mandantin Erika Glogger haben Sie bis zum 31.12. 2
des Vorjahres erstellt.

In der Buchhaltung sind folgende Vorgänge bereits erfasst.

Eingang der Miete für den Lagerplatz. Dieser wurde an Walter Dornberg für monatlich 250,00 Euro vermietet. Die Miete ist im Voraus für drei Monate zu zahlen. Bankeingang am 01.12. für die Monate Dezember, Januar und Februar.

Buchung am 01.12. Bank an Mieterlöse

Erika hat bei der Bank ein geschäftliches Festgeldkonto. Die Zinsen hierfür werden halbjährlich abgerechnet. Für das abgelaufene Halbjahr überweist die Bank am 03.01. einen Betrag von 1.367,00 Euro.

Buchung am 03.01. Bank an Zinserträge

Erika hat im Nachbarhaus Büroräume angemietet. Sie zahlt wie vereinbart die Miete für die Monate November, Dezember und Januar am 01.11. Bankabbuchung am 01.11. in Höhe von 1.500,00 Euro.

Buchung am 01.11. Mietaufwand an Bank

Im November letzten Jahres wurden die Büroräume renoviert. Der beauftragte Malermeister Keller legte einen Kostenvoranschlag über 2.000,00 Euro netto vor.

Am 20.12. geht die Rechnung ein. Sie lautete über 2.100,00 Euro netto.

Abbuchung vom Bankkonto am 18.01. des Folgejahres.

Buchung am 18.01. des Folgejahres Instandhaltung Geschäftsräume an Bank.

Sie haben errechnet, dass Erika eine Gewerbesteuernachzahlung von 1.200,00 Euro, für das Vorjahr leisten muss.

Dieser Vorgang ist noch nicht gebucht.

Aufgabe:

Bilden Sie bitte die Buchungssätze für den Abschuss per 31.12. des Vorjahres und tragen Sie diese in Ihre Umbuchungsliste ein.

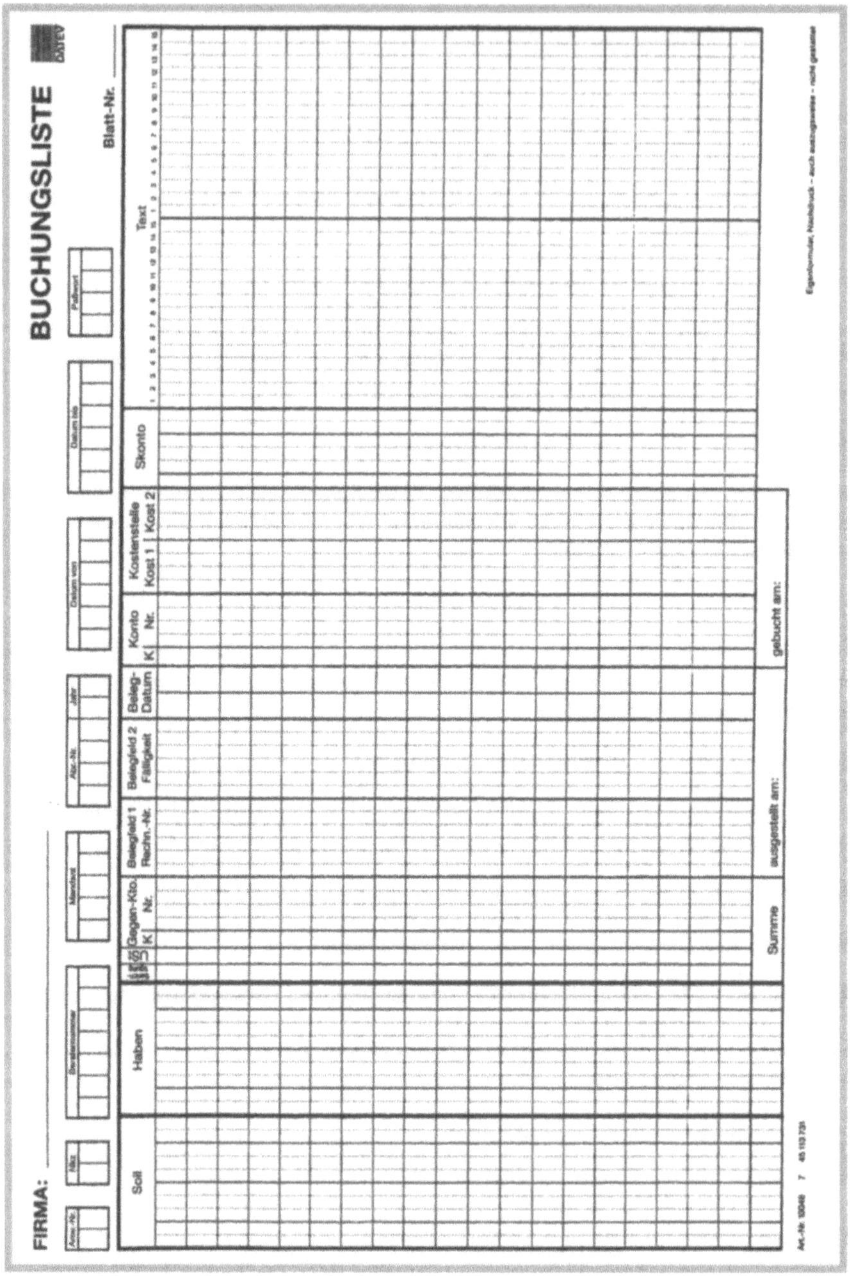

FIRMA:

BUCHUNGSLISTE

DATEV

Anw.-Nr. | Nkz | Beraternummer | Mandant | Abr.-Nr. | Jahr | Datum von | Datum bis | Paßwort

Blatt-Nr.

Soll	Haben	Gegen-Kto. K Nr.	Belegfeld 1 Rechn.-Nr.	Belegfeld 2 Fälligkeit	Beleg-Datum	Konto K Nr.	Kostenstelle Kost 1 Kost 2	Skonto	Text

Summe | ausgestellt am: | gebucht am:

Eigenformular, Nachdruck – auch auszugsweise – nicht gestattet

2.8.6 Kauf und Verkauf eines Geschäftsfahrzeuges

SACHVERHALT:

2

Ihre Mandantin Iris Wander erstellt ihre Buchhaltung selbst. Sie hat bereits alle erforderlichen Buchungen vorgenommen.

Der vorläufige Gewinn für das Vorjahr beträgt 120.000,00 Euro.

Am 01.06. des Vorjahres kaufte Iris einen neuen PKW, den sie auch privat nutzt. Der Rechnungsbetrag lautete:

30.000,00 Euro plus Umsatzsteuer.

Die betriebsgewöhnliche Nutzungsdauer des Pkw beträgt 5 Jahre.

Auf Grund ihrer langjährigen Geschäftsbeziehung erhielt Iris einen Barzahlungsrabatt von 5 %.

Ihr alter PKW stand am 01.01. des Vorjahres mit einem Buchwert von 5.000,00 Euro im Anlagenverzeichnis.

Sie verkaufte diesen PKW am 31.05. des Vorjahres für 7.000,00 Euro netto an den Unternehmer Schranz.

Der PKW wurde bisher linear mit 1.200,00 Euro jährlich abgeschrieben.

Diesen Vorgang, Kauf und Verkauf der Pkws, buchte Frau Wander noch nicht.

Aufgabe:

Erklären Sie bitte der Mandantin Frau Wander alle noch erforderlichen Buchungen. Zahlungen erfolgten alle per Bank.

Welche Auswirkungen haben diese Buchungen auf den Gewinn?

Ermitteln Sie bitte auch den endgültigen Gewinn für Frau Wander.

Raum für eigene Notizen:

2.9 Themenbereich Jahresabschluss + Gewinnverteilung

2.9.1 Gewinnverteilung in der KG, einheitliche und gesonderte Feststellung der Einkünfte

SACHVERHALT:

An der Industriebau KG sind drei Gesellschafter beteiligt: die Komplementäre Albert und Bauer, sowie der Kommanditist Caspar. 1

Der Gesellschaftervertrag enthält u.a. folgende Bestimmungen:

- Der Gesellschafter Bauer erhält für die Geschäftsführung monatlich 3.500,- Euro.
- Der Gesellschafter Albert erhält für ein an die KG vermietetes Grundstück jährlich 1.500,- Euro.
- Die Kapitalkonten werden mit 5% nach Stand zum Jahresbeginn verzinst. Der Restgewinn wird im Verhältnis 2:2:1 verteilt.

Die Miete an Albert wurde während des Geschäftsjahres gewinnmindernd auf das Konto Mietaufwendungen gebucht. Die Tätigkeitsvergütung an Bauer wurde über Personalkosten gebucht.

Der Handelsbilanzgewinn der KG im letzten Wirtschaftsjahr beträgt 60.000,- Euro. Ihnen liegt folgende Gewinnverteilungstabelle vor:

Aufgabe:

Führen Sie die Gewinnverteilung mit Hilfe der Tabelle durch.

Berechnen Sie den steuerrechtlichen Gewinn.

Gehen Sie auf die einheitliche und gesonderte Feststellung von Besteuerungsgrundlagen ein. Welche Steuerbescheide werden für die KG und die Gesellschafter erteilt und welche Finanzämter sind jeweils zuständig?

Gesellschafter	Kapital 01.01.	Entnahmen	Gewinn vorweg	Zins f. Kapital	Anteil	Restgewinn	Kapital 31.12.
Albert	40.000,00	12.000,00					
Bauer	60.000,00	0,00					
Caspar	20.000,00	0,00					
gesamt	120.000,00	12.000,00					

2.9.2 Zusammenhänge BWA, SuSA und Jahresabschluss

SACHVERHALT:

Ihr Mandant Thomas Wanders hat am 01.05. dieses Jahres ein Einzelhandelsgeschäft in der Innenstadt von Köln eröffnet. Her Wanders verkauft hochwertige Herrenbekleidung. 1

Sie haben die Eröffnungsbilanz erstellt. Die laufenden Geschäftsvorfälle sind bis einschließlich 31.12. diesen Jahres gebucht.

Sie legen Thomas die Summen- und Salden- Liste, sowie die betriebswirtschaftliche Auswertung per 32.12. vor.

Aufgabe:

Bitte erklären Sie Herrn Wanders den grundsätzlichen Unterschied zwischen der SuSa und der BWA.

Ihr Mandant möchte auch wissen, ob der in der BWA ausgewiesene Gewinn der endgültige Gewinn ist.

2.9.3 Erläuterung div. Bilanzpositionen

SACHVERHALT:

Sie haben den Abschluss für Ihre Mandantin Lizzy Liebermann erstellt.

1 Frau Liebermann erscheint in Ihrer Kanzlei und Sie legen ihr die Bilanz vor.

Aufgabe:

Frau Liebermann möchte von Ihnen gerne wissen, was sich hinter den Posten „Rückstellungen", „sonstige Verbindlichkeiten" und „passive Rechnungsabgrenzungsposten" verbirgt.

Beantworten Sie die Frage Ihrer Mandantin anhand von Beispielen mit Buchungen.

2.9.4 Jahresabschlussbuchungen Ansparrücklage

SACHVERHALT:

Evi Stummer ist selbständige Buchhändlerin in München. Ihr Ladengeschäft soll von Grund auf renoviert werden. 2

Sie plant die Anschaffung von neuen Regalen und Vitrinen im nächsten Jahr.

Laut eingeholtem Kostenvoranschlag würden die Regale netto 8.000,00 Euro und die Vitrinen netto 4.000,00 Euro kosten.

Ihr Betriebsvermögen belief sich am 31.12. des letzten Jahres auf 120.000,00 Euro.

Aufgabe:

Sie erstellen wie in jedem Jahr den Abschluss für Evi Stummer. Was ist zu beachten?

2.9.5 Jahresabschluss Bewertung der Warenvorräte

SACHVERHALT:

3 Ihr Mandant Willi Bruckner betreibt einen Zementgroßhandel. Sie bearbeiten seinen Jahresabschluss.

Alle Buchungen sind bereits vorgenommen worden. Es sind nur noch die Vorräte zu bewerten.

nach dem Lifo-Verfahren und nach der Durchschnittsbewertung.

Anfangsbestand 01.01.	1.500 kg	zu 80,00 Euro
Kauf am 15.05.	1.300 kg	zu 100,00 Euro
Verkauf am 30.06.	800 kg	
Verkauf 26.07.	2.100 kg	
Kauf 16.09. 1.800 kg		zu 125,00 Euro
Verkauf 16.12.	500 kg.	

Anhand seiner vorgelegten Aufstellung ermitteln Sie bitte den Bestand zum 31.12.

Herr Bruckner hat im Bekanntenkreis gehört, dass es verschiedene Bewertungsmethoden gibt.

Nennen Sie Herrn Bruckner die zulässigen Bewertungsmethoden.

2.9.6 Abschlussarbeiten

SACHVERHALT:

Sie betreuen die Mandantin Hilde Wessel. Die laufende Buchhaltung ist per 31.12. erstellt. Sie ermittelten einen Gewinn in Höhe von 162.480,00 Euro. 3

Folgende Abschlussbuchungen sind noch nicht erfasst.

Die AfA für den betrieblichen Pkw. Das Fahrzeug wird jährlich linear mit 1.800,00 Euro abgeschrieben.

Auf dem Konto GWG steht ein Saldo von 2.840,00 Euro.

Warenbestand am 01.01. dieses Jahres: 38.500,00 Euro. Warenbestand laut Inventur am 31.12. dieses Jahres: 40.500,00 Euro.

Der betriebliche PKW wird auch für private Fahrten genutzt, nicht aber für Fahrten zwischen der Wohnung und der Betriebsstätte.

Am 20.05.2001 wurde der PKW für 32.500,00 Euro angeschafft. Der Bruttolistenpreis in diesem Zeitpunkt belief sich auf 35.000,00 Euro.

Ein Fahrtenbuch führt Frau Wessel nicht.

Die anteiligen Zinsen für ein betriebliches Darlehen betragen für dieses Jahr 800,00 Euro.

Die Darlehensaufnahme erfolgte im März des vergangenen Jahres.

Aufgabe:

Tragen Sie bitte die Buchungssätze in eine Umbuchungsliste ein und ermitteln den endgültigen Gewinn.

2.9.7 Bewertung Forderungen

SACHVERHALT:

3 Sie bearbeiten den Jahresabschluss der Firma Bayernhaus GmbH. Die Firma stellt schlüsselfertige Niedrigenergiehäuser her. Die Debitorensaldenliste sowie das Konto 1210 weisen zum Abschlussstichtag 31.12. einen Saldo von 1.145.345,56 Euro aus. Ihnen fällt auf, dass einige ältere Forderungen darunter sind. Sie fragen bei der Buchhalterin der Firma Bayernhaus GmbH nach und bringen folgende Tatsachen in Erfahrung:

Forderung an die Firma Eigentumswohnbau GmbH vom 1.6. über 155.000,00 Euro.

Diese Firma hat am 5.10. das Insolvenzverfahren beantragt. Das Verfahren wurde mangels Masse abgelehnt.

Restforderung an Willi und Erna Meier vom 30.09. über 25.000,00 Euro.

Herr Meier hat im Dezember seine Frau mit den vier Kindern verlassen und ist mit einer Arbeitskollegin ins Ausland gegangen. Bisher konnte Frau Meier seinen Aufenthaltsort noch nicht ausfindig machen. Ob Frau Meier als Hausfrau den Restbetrag für das gebaute Einfamilienhaus aufbringen kann, ist fraglich.

Die Buchhalterin hat den Zahlungseingang auf eine bereits im Vorjahr abgeschriebene Forderung in Höhe von 12.345,00 Euro auf das Debitorenkonto gebucht.

Forderung an die Baugenossenschaft Frankfurt vom 2.11. in Höhe von 23.400,00 Euro.

Auch dieser Kunde ist in schweren finanziellen Problemen. Die Buchhalterin geht davon aus, dass noch 65% der Forderung beglichen werden.

Forderung an den Kunden Schmitt vom 2.5. in Höhe von 8.000,- Euro

Hier gingen am 28.12. 3.500,- Euro auf das Bankkonto der Bayernhaus GmbH ein. Der Restbetrag ist als verloren zu betrachten.

Aufgabe:

Nehmen Sie die notwendigen Abschlussbuchungen auf der Buchungsliste vor.

Wie hoch ist der endgültige Forderungsbestand in der Bilanz auszuweisen?

Erklären Sie der Buchhalterin der Bayernhaus GmbH die wichtigsten Grundsätze zur Behandlung von Forderungsausfällen.

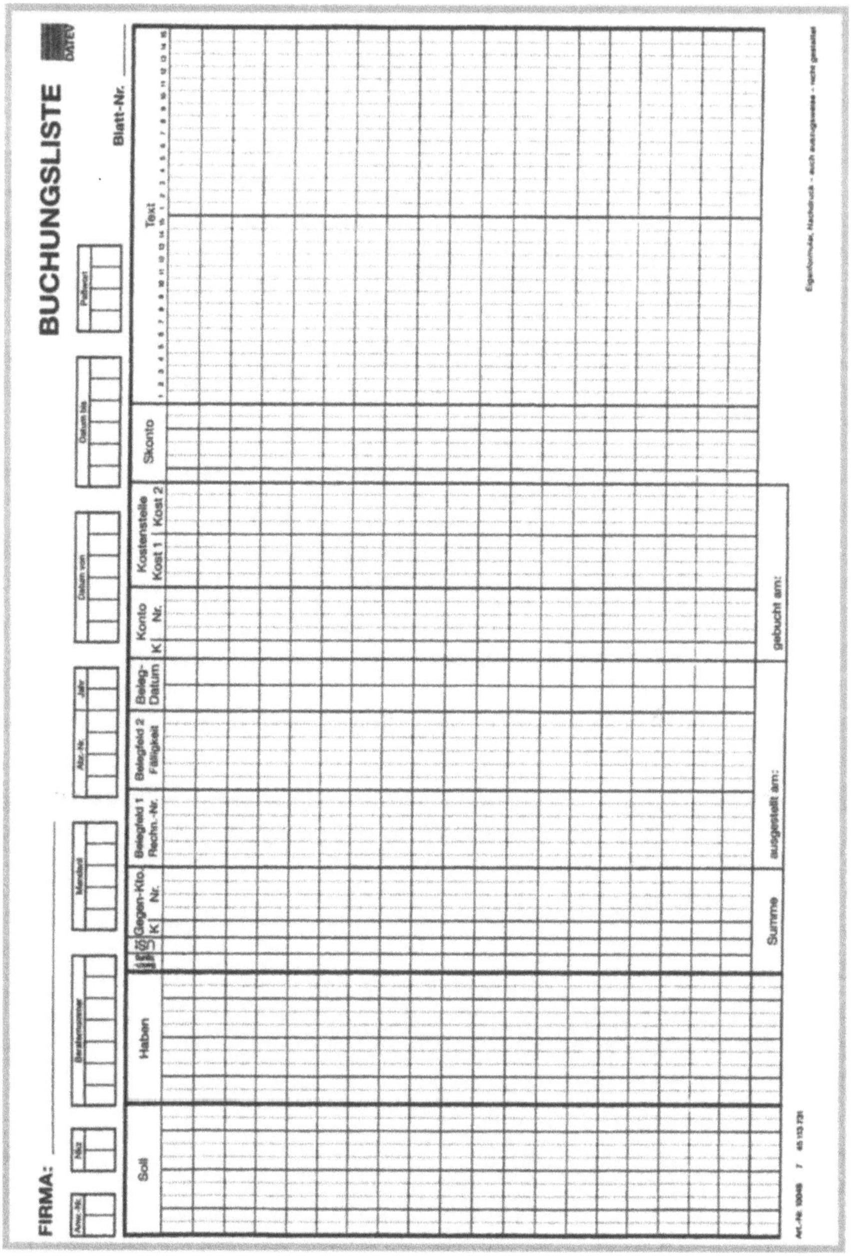
FIRMA:
BUCHUNGSLISTE
DATEV
Blatt-Nr.
Soll
Haben
Gegen-Kto. K Nr.
Belegfeld 1 Rechn.-Nr.
Belegfeld 2 Fälligkeit
Beleg-Datum
Konto K Nr.
Kostenstelle Kost 1 Kost 2
Skonto
Text
Summe
ausgestellt am:
gebucht am:

2.9.8 Gewinnermittlung § 4Abs. 3 EStG

SACHVERHALT:

Ihr Mandant Gino Gelati betreibt seit zwei Jahren eine kleine Eisdiele in Frank-
2 furt/Main. Seine Ehefrau Susanne Gelati ist ausgebildete Industriekauffrau und erledigt daher während des Jahres alle anfallenden kaufmännischen Arbeiten. Sie erstellt aus ihren Aufzeichnungen eine vorläufige Gewinnermittlung gem. § 4 Abs. 3 EStG. Die Mandanten fallen unter die Regelung des § 19 UStG und führen somit keine USt ab.

Ihre Aufgabe ist es, die Aufzeichnungen Ihrer Mandantin zu prüfen und eine endgültige Gewinnermittlung gem. § 4 Abs. 3 EStG mit allen Steuererklärungen für das Vorjahr zu fertigen.

Bei der Durchsicht der Unterlagen für das Vorjahr sind Ihnen folgende Sachverhalte aufgefallen:

Am 8. Januar des Folgejahres wurde die Dezembermiete für die Geschäftsräume überwiesen. Frau Gelati hat die Miete in Höhe von 250,- Euro als Ausgabe im Januar des Folgejahres behandelt.

Am 2. November des Vorjahres wurde eine neue Eismaschine für 8.500,- Euro angeschafft. Diesen Betrag hat Frau Gelati voll als Betriebsausgabe bei Zahlung im Dezember gebucht. Die Eismaschine hat eine betriebsgewöhnliche Nutzungsdauer von 6 Jahren.

Am 25.6. des Vorjahres wurde eine neue Fruchtpresse angeschafft. Die Presse kostete 484,00 Euro. Frau Gelati bezahlte am 28.6. unter Abzug von 2% Skonto 474,32 Euro. Diesen Vorgang hat sie versehentlich gar nicht berücksichtigt.

Aufgabe:

Bitte berichtigen Sie Frau Gelatis vorläufige Gewinnermittlung und erklären ihr die richtige Behandlung der Sachverhalte anhand der gesetzlichen Vorschriften.

Ihre Mandanten freuen sich über die gute Geschäftsentwicklung im laufenden Jahr. Sie konnten eine weitere Geschäftsfläche dazumieten und werden dieses Jahr voraussichtlich einen Umsatz von 85.000,- Euro erreichen.

Eisdiele Amore Mio — Gino Gelati

Vorläufige Gewinnermittlung gem. § 4 Abs. 3 EStG

Betriebseinnahmen:		
aus Eisverkauf in Eisdiele	10.200,00	
aus Eisverkauf zum Mitnehmen	3.500,00	
aus Getränkeverkauf Eisdiele	4.200,00	
Verkauf alte Eismaschine	1.000,00	18.900,00
Betriebsausgaben:		
Einkauf Rohstoffe	4.500,00	
Einkauf Getränke	2.800,00	
Eismaschine	8.500,00	
Miete	2.750,00	
Strom, Heizung, Wasser	700,00	
Aushilfslöhne	2.300,00	
Sonstige Kosten	1.400,00	22.950,00
Verlust		**- 4.050,00**

2.9.9 Gewinnermittlung § 4 Abs. 3: Schadenersatz

SACHVERHALT

3 Der Mandant Kurt Primel ist als Landschaftsgärtner selbständig. Er ermittelt seinen Gewinn zulässigerweise nach § 4(3) EStG. Seiner Umsätze versteuert er nach den allgemeinen Vorschriften des UStG.

Im letzten Monat hat Herr Primel mit seinem Kleinlastwagen unverschuldet einen Unfall gehabt. Das Fahrzeug wird zu 100% betrieblich genutzt.

Herr Primel wurde verletzt. Er hat auf eine Anzeige verzichtet und sich mit der Versicherung des Unfallgegners geeinigt.

Die Versicherung des Unfallverursachers reguliert den Schaden nach Kostenvoranschlag der Werkstatt und überweist insgesamt 15.000,- Euro.

Davon lt. Kostenvoranschlag	10.000,-- Euro
Für Wertminderung	3.000,-- Euro
Als Schmerzensgeldausgleich	2.000,-- Euro

Die Reparaturrechnung für den LKW lautet endgültig auf 7.500,- Euro zuzüglich USt 1.200,- Euro = 8.700,00 Euro. Herr Primel hat darauf verzichtet, die Seitenwand der Ladefläche neu lackieren zu lassen.

Aufgabe:

Erklären Sie Herrn Primel, wie sich diese Sachverhalte in bezug auf seinen Gewinn auswirken.

2.9.10 Anschaffungskosten/Herstellungskosten

SACHVERHALT:

Udo Lindtner ist Bauunternehmer in Hamburg. Seine Geschäftsräume befinden sich in der Altonastraße 24. Dieses Gebäude muss er bis zum Ende des Jahres räumen. 2

Herr Lindtner kaufte am 15.01. das Grundstück in der Beerenstraße 14, um hier ein Geschäftshaus zu errichten. Für das Grundstück zahlte Udo 100.000,00 Euro.

An Grunderwerbsteuer waren 3.500,00 Euro fällig. Der Notar verlangte ein Honorar in Höhe von 580,00 Euro.

Der Makler, der den Grundstückskauf vermittelte, erhielt eine Provision von insgesamt 1.160,00 Euro.

Im Mai konnte mit den Bauarbeiten begonnen werden. Der Mandant errichtete mit seinen Mitarbeitern das Geschäftshaus.

Es fielen an:	Materialeinzelkosten	180.000,00 Euro
	Fertigungslöhne	70.000,00 Euro
	Materialgemeinkostenzuschlag	von 30 %
	Fertigungsgemeinkostenzuschlag	von 70 %
	Vertriebsgemeinkosten	10.000,00 Euro
	Zinsen für Fremdkapital	20.000,00 Euro

Aufgabe:

Erläutern Sie bitte Ihrem Mandanten, wie die Anschaffungskosten des Grundstücks ermittelt werden.

Berechnen Sie bitte die Herstellungskosten des Geschäftshauses. Udo Lindtner erstellt eine Einheitsbilanz.

Raum für eigene Notizen:

2.10 Themenbereich Personalkosten

2.10.1 Lohnabrechung erstellen

SACHVERHALT: 1

Der Schreinermeister Thomas Ganter hat sich im letzten Jahr selbständig gemacht. Inzwischen hat er so viele Aufträge, dass er die Arbeit nicht mehr alleine bewältigen kann.

Er kommt zu Ihnen in die Kanzlei und möchte gerne wissen, welche Kosten ihm entstehen, wenn er zum 01. Mai einen Gesellen einstellt.

Der monatliche Bruttoarbeitslohn würde 1.500,00 Euro betragen.

Die Krankenkasse hat einen Beitragssatz von 14,5 %.

Auf der Lohnsteuerkarte des Angestellten ist die Lohnsteuerklasse I eingetragen.

Der Lohnsteuerabzug beträgt 149,75 Euro, der Solidaritätszuschlag 8,23 Euro und der Kirchensteuerabzug wäre mit 11,98 Euro zu berücksichtigen.

Aufgabe:

Bitte beraten Sie Herrn Ganter umfassend, und erstellen Sie die Lohnabrechnung.

2.10.2 Aushilfskräfte Änderung der Rechtslage

SACHVERHALT 1:

Im Februar 2003 stellt Ihre Mandantin, die Friseurmeisterin Lizzy Liebermann, Frau
3 Klara Mertens als Aushilfe ein.

Sie reinigt in den Abendstunden den Friseursalon. Es fallen in der Woche 10 Arbeitsstunden an.

Frau Mertens wird monatlich 45 Stunden arbeiten. Es wurde ein Stundenlohn von 7,00 Euro vereinbart.

Frau Mertens legt eine Freistellungsbescheinigung von ihrem Wohnsitzfinanzamt vor.

Auf ihrer vorgelegten Lohnsteuerkarte steht die Lohnsteuerklasse V.

SACHVERHALT 2:

Ihre Mandantin Gisela Stantmann betreibt in Münster eine Gaststätte. Bei größeren Familienfeiern fehlt es ihr an einer Aushilfe. Sie möchte gerne ihre Nichte Ines Fahrer ab 01.05.2003 als kurzfristige Beschäftigte einstellen.

Ines würde im Monat 380,00 Euro erhalten. Die Arbeitszeit wäre überwiegend an den Wochenenden zu leisten. Von Freitagabend bis zum Sonntagabend wären dies 16 Arbeitsstunden.

Ines Fahrer ist ledig und arbeitet ganztags als kaufmännische Angestellte bei der Firma Humbold.

Sie legt ihre zweite Lohnsteuerkarte mit der Lohnsteuerklasse VI vor.

Aufgabe:

Erklären Sie bitte Frau Liebermann und Frau Stantmann, um welche Art Beschäftigungsverhältnis es sich jeweils handelt, und welche Kosten sie zu tragen haben.

Gehen Sie auf die Änderung der Rechtslage ab 01.04.2003 ein.

Gerade in der mündlichen Prüfung fragen die Prüfer gerne nach den neusten Gesetzesänderungen. Es ist nicht nur der Rechtsstand Ihrer schriftlichen Prüfung relevant.

2.10.3 Freibetrag Lohnsteuerkarte

SACHVERHALT:

Helmut Weinberger, ledig, kommt Anfang Juni in Ihre Kanzlei. Er möchte von Ihnen 1
umfassend beraten werden.

Helmut ist bei der Sonnenlach GmbH seit sieben Jahren als Angestellter tätig. Die Sonnenlach GmbH hat ihren Betriebssitz im Nürnberger Osten. Helmut wohnt im Nürnberger Westen. Er fährt an 220 Tagen im Jahr insgesamt 11.440 Km mit seinem eigenen PKW zur Arbeit und zurück.

Um den beruflichen Anforderungen gerecht zu werden, wendet Helmut jährlich einen Betrag von 410,00 Euro für Fachliteratur auf.

Die Aufwendungen für das vom Finanzamt anerkannte häusliche Arbeitszimmer belaufen sich auf 1.580,00 Euro.

Aus dem vorgelegten Behindertenausweis geht eine dauernde Behinderung von 40 Grad hervor.

Seit einigen Jahren schreibt Helmut immer wieder einige Artikel für eine Fachzeitschrift.

An Honoraren erhält Helmut jährlich zwischen 135,00 Euro und 405,00 Euro.

Aufgabe:

Herr Weinberger ärgert sich, dass sich seine Werbungskosten immer erst im Nachhinein auswirken. Können Sie ihm helfen?

Wie sind seine Honorare steuerlich zu behandeln?

2.10.4 Personalverkauf

SACHVERHALT:

2 Helga Tanner hat ihr Damenoberbekleidungsgeschäft in der Innenstadt von Köln neu eröffnet.

Sie zahlt ihrer Verkäuferin Ina Scholler ein monatliches Bruttogehalt von 1.600,00 Euro.

Ina Scholler legt einen Vertrag ihrer Bausparkasse vor. Sie möchte jeden Monat 40,00 Euro im Rahmen der VwL sparen. Dieser Betrag wird von Frau Tanner übernommen.

In Hlega Tanners Geschäftshaus befinden sich mehrere Wohnungen. Bis auf eine sind alle zu einer ortsüblichen Miete von monatlich 650,00 Euro vermietet.

Frau Tanner überlässt eine dieser Wohnungen ihrer Verkäuferin Ina Scholler für einen monatlichen Mietzins in Höhe von 550,00 Euro.

Ina Scholler hat von ihrer Patentante einen nicht geringen Betrag geschenkt bekommen.

Sie nutzt diese Gelegenheit um sich vollständig neu einzukleiden. Selbstverständlich kauft Sie ihre Garderobe im Geschäft von Helga Tanner.

Insgesamt erwirbt Ina Scholler Waren im Wert von 2.000,00 Euro. Eine Kundin hätte für die Kleidungsstücke einen Betrag von 2.500,00 zahlen müssen.

Ihrer Auszubildenden Wilma Kanton zahlt Frau Tanner ein Bruttogehalt von monatlich 400,00 Euro.

In diesem Monat erhält Wilma eine CD als Anerkennung ihrer guten Leistungen. Für die CD zahlte Frau Tanner einen Betrag von 35,00 Euro brutto.

Aufgabe:

Ermitteln Sie bitte für die Verkäuferin Ina Scholler und die Auszubildende Wilma Kanton den Bruttoarbeitslohn für diesen Monat.

2.10.5 Sachbezüge

SACHVERHALT:

Sepp Huber betreibt das Hotel Alpenfrieden in Garmisch-Partenkirchen. Für die Sommersaison hat er verschiedene Kräfte neu eingestellt: 2

Bedienung Andrea Müller

Frau Müller ist 25 Jahre alt und stammt aus Cottbus. Herr Huber stellt ihr ein Dachzimmer zur Verfügung. Dafür verlangt er monatlich 40,- Euro, die er sofort mit dem Netto-Lohn verrechnet. Frau Müller erhält alle Mahlzeiten im Hotel kostenlos.

Zimmerfrau Milena Robic

Frau Robic ist 55 Jahre alt und wohnt in Garmisch. Sie arbeitet 6 Tage in der Woche jeweils vormittags und isst im Anschluss danach in der Hotelküche kostenlos zu Mittag.

Auszubildender Mike Schmitt

Herr Schmitt ist 17 Jahre alt, stammt aus Berlin und absolviert im Hotel Alpenfrieden eine Ausbildung zum Koch. Er hat sich in Garmisch zusammen mit seiner Freundin eine kleine Wohnung genommen. Er nimmt kostenlos Mittag- und Abendessen im Hotel ein.

Familie Huber:

Zur Familie Huber gehören Herr und Frau Huber, die Kinder Michael (8), Lucia (3) und das 3 Monate alte Baby Lucy, sowie die Großmutter Huber. Alle wohnen im Haus und nehmen die Mahlzeiten in der Hotelküche ein.

Aufgabe:

Was versteht man unter einen Sachbezug?

Wie sind die Sachbezüge in diesen Fällen zu bewerten?

Welche Auswirkungen haben sie auf die Lohnabrechnung der Mitarbeiter?

Wie sind die Sachbezüge der Familie Huber zu behandeln?

Amtliche Sachbezugswerte 2003 in Euro pro Monat

Art des Sachbezugs	Volljährige Arbeitnehmer	Jugendliche und Auszubildende	Volljährige Familienangehörige	Familienangehörige vor Vollendung des 18. Lebensjahres
Freie Verpflegung	195,80	195,80	156,64	117,48
davon				
Frühstück	42,80	42,80	34,24	25,68
Mittagessen	76,50	76,50	61,20	45,90
Abendessen	76,50	76,50	61,20	45,90

Diese Sachbezüge sind in den alten und neuen Bundesländern mit den gleichen Werten anzusetzen. Kinder unter einem Jahr werden nicht berücksichtigt.

Freie Unterkunft:
Unter einer Unterkunft versteht man einen Wohnraum, bei dem Küche und Bad mitbenutzt werden dürfen.
Lt. Sachbezugsordnung sind dafür ab 2003 monatlich anzusetzen:
Neue Bundesländer: 170,00
Alte Bundesländer: 189,90

2.11 Themenbereich Kalkulation, Kostenrechnung und betriebliche Kennzahlen

2.11.1 Analyse eines vorläufigen Jahresabschlusses

SACHVERHALT:

Der Steuerpflichtige Jörg Wolfram betreibt ein Reisebüro in Dresden. Sie haben die
vorläufige Bilanz und Gewinn- und Verlustrechung erstellt und bereits für eine Analy- 3
se aufbereitet. Herr Wolfram möchte gerne wissen, wie sich sein Betrieb in den letzten zwei Jahren entwickelt hat.

Er plant für nächstes Jahr die Eröffnung einer Filiale in Meißen. Die Investitionskosten für die Einrichtung des gemieteten Büros würden einmalig 10.000,- Euro betragen. Herr Wolfram will dafür ein Bankdarlehen aufnehmen. Die Zinsen betragen 6,5% p.a., an Tilgungsleistungen sind jährlich 2.500,- Euro zu leisten. Herr Wolfram ist sich sicher, dass die anderen laufenden Aufwendungen ab Eröffnung aus Erträgen der neuen Filiale gedeckt werden könnten.

Aufgabenstellung:

Berechnen Sie weitere relevante Kennzahlen aus Bilanz und G+V und erklären Sie Herrn Wolfram die Entwicklung und Situation seines Reisebüros in Dresden.

Kann sich Herr Wolfram – vorausgesetzt, es tritt keine Verschlechterung der Gewinnsituation im Dresdner Büro ein – die 10.000,- Euro teure Investition in Meißen leisten?

Aufbereiteter vorläufiger Jahresabschluss Reisebüro Jörg Wolfram e. K., Dresden

AKTIVA	31.12.02 EUR	31.12.03 EUR	Änderung gegen Vorj EUR %
ANLAGEVERMÖGEN			
1. Sachanlagen			
Grundstücke	15.000,00	15.000,00	0,00
Gebäude	75.000,00	72.450,00	- 2.550,00
Geschäftsausstattung	12.000,00	16.000,00	+ 4.000,00
Fahrzeuge	5.000,00	17.300,00	+ 12.300,00
UMLAUFVERMÖGEN			
1. Vorräte			
Diesel Reisebus	1.400,00	700,00	- 700,00
Handelswaren	0,00	250,00	+ 250,00
2. Forderungen	14.700,00	22.100,00	+ 7.400,00
3. Zahlungsmittel	25.000,00	32.000,00	+ 7.000,00
	148.100,00	**175.800,00**	**+ 27.700,00**

PASSIVA	31.12.02 EUR	31.12.03 EUR	Änderung gegen Vorj EUR %
EIGENKAPITAL			
1. Eigenkapital	55.000,00	85.000,00	+ 30.000,00
2. Gewinn	36.000,00	43.000,00	+ 7.000,00
VERBINDLICHKEITEN			
1. langfr. Fremdkapital	32.800,00	26.400,00	- 6.400,00
2. kurzfr. Fremdkapital	24.300,00	21.400,00	- 2.900,00
	148.100,00	**175.800,00**	**+ 27.700,00**

GEWINN- UND VERLUSTRECHNUNG

	Vorjahr	Berichtsjahr
Umsatzerlöse	**155.000,00**	**198.000,00**
- Wareneinsatz	0,00	-300,00
+/- Bestandsänderung Diesel	- 500,00	- 700,00
=Rohgewinn I	**154.500,00**	**197.000,00**
- Personalkosten	68.000,00	93.000,00
- Raumkosten	4.500,00	4.900,00
- Fahrzeugkosten	1.800,00	1.300,00
- Abschreibungen	16.000,00	23.000,00
- Zinsaufwand	2.300,00	1.800,00
- Sonstige Aufwendungen	25.200,00	27.900,00
- Betriebliche Steuern	700,00	2.100,00
= Jahresüberschuss	**36.000,00**	**43.000,00**

2.11.2 Optimierung eines Produktionsprozesses

SACHVERHALT:

Ihr Mandant Bäckermeister Michael Brezelheimer möchte sein Produktionsprogramm optimieren. Bisher hat er nur Roggenmischbrote gefertigt. Nun möchte er gerne sein 2
Angebot um Weizenbrot, Biovollkornbrot und Kartoffelbrot erweitern.

Herr Brezelheimer schätzt, dass monatlich etwa 55.000 Brote verkauft werden könnten. Allerdings beträgt die maximale Produktionskapazität seiner Backstube 48.000 Brote im Monat.

Ihr Mandant hat bereits folgende Werte richtig kalkuliert:

Brotsorte	**möglicher monatlicher Absatz**	**Deckungsspanne Euro**
Roggenmischbrot	22.000	0,65
Biovollkornbrot	8.000	0,75
Weizenbrot	15.000	0,50
Kartoffelbrot	10.000	0,30

Monatliche Fixkosten: 21.800,00 Euro

Aufgabe:

Helfen Sie Herrn Brezelheimer bei der optimalen Gestaltung seiner Produktion. Es soll ein möglichst hoher Gesamtdeckungsbeitrag erwirtschaftet werden.

Berechnen Sie den voraussichtlichen monatlichen Gewinn.

Herr Brezelheimer überlegt, einen neuen Backofen anzuschaffen. Mit diesem Ofen hätte er eine Produktionskapazität von 65.000 Broten im Monat. Durch die Investition würden die monatlichen Fixkosten um 2.600,- Euro steigen. Was raten Sie ihm?

2.11.3 Kalkulation aus der Buchhaltung

SACHVERHALT:

1 Die Mandantin Lea Rosenbaum betreibt ein Einzelhandelsgeschäft für Modeschmuck in Stuttgart. Sie ermittelt ihren Gewinn gem. § 4(1) EStG und versteuert ihre Umsätze nach § 20(1) Nr. 1 UStG zum allgemeinen Steuersatz. Frau Rosenbaumhat eine Prüfungsanordnung erhalten.

Der Buchführung und den Jahresabschlüssen können Sie folgende Daten entnehmen:

Warenanfangsbestand lt. Inventur zum 1.1.	10.000,00
Warenendbestand lt. Inventur zum 31.12.	8.000,00
Wareneinkäufe	65.000,00
Rücksendungen an Lieferanten	2.300,00
Warenbezugs- und Nebenkosten	3.300,--
Lieferantenboni	2.100,00
Gesamte Kosten	28.000,00
Vereinnahmte Entgelte aus Warenverkauf	115.000,00
Forderungen aus Warenlieferungen zum 1.1.	4.060,00
Forderungen aus Warenlieferungen zum 31.12.	4.872,00

Aufgabe:

Ihr Chef bittet Sie, für eine Mandantenbesprechung hinsichtlich der erwarteten Betriebsprüfung die folgenden Werte auszurechnen:

Sollumsatz (=Verkaufserlöse bei Versteuerung nach vereinbarten Entgelten)

Wareneinsatz und Rohgewinn in Euro und % des Sollumsatzes

Kalkulationszuschlag und Handelsspanne

Ihr Chef möchte die errechneten Werte mit Daten aus der Richtsatzsammlung vergleichen. Dort ist für vergleichbare Betriebe ein Rohgewinn von 48% -54% angegeben. Können Sie erklären, warum er das tut und ahnen Sie, welche Fragen er Frau Rosenbaum stellen wird?

Themenbereich Rechtliche Vorschriften im Betrieb

2.12.1 Handelsregistereintragung, Gesellschaftsformen

SACHVERHALT:

Die Steuerberater Bernd Müller und Franz Schmitt aus Stuttgart haben zusammen die „Müller + Schmitt Steuerberatung GmbH“ gegründet. 1

Beide Gesellschafter haben das Stammkapital der GmbH in Höhe von 120.0000,- Euro zu gleichen Teilen aufgebracht.

Sitz der Gesellschaft ist Stuttgart, Kaiserallee 25.

Am 21. Juni wurde der Gesellschaftsvertrag vor einem Notar geschlossen, die Eintragung ins Handelsregister erfolgte am 15. Juli.

Die Geschäftsführung wird von beiden Gesellschaftern gemeinsam übernommen.

Es wurden bereits 4 Steuerfachkräfte und ein Auszubildender eingestellt. Herr Martin Schlau soll Prokura erhalten.

Aufgabe:

In welche Abteilung des Handelsregisters wurde das Unternehmen eingetragen?

Sind aus den o.g. Sachverhalten Tatsachen ins Handelsregister einzutragen?

Wann ist die Gesellschaft entstanden und welche Wirkung hat die Eintragung ins Handelsregister?

Hätten Herr Müller und Herr Schmitt auch noch andere Formen für ein gemeinsames Unternehmen wählen können?

2.12.2 Mahnverfahren

SACHVERHALT:

2 Ihr Mandant Werner Röhrig hat sich vor zwei Jahren als Handwerksmeister für Gas-, Wasser- und Heizungsinstallation selbständig gemacht.

Einer seiner Großkunden, die Firma Industriebau GmbH, hat eine Rechnung über 50.000,- Euro vom 15.01. bis zur letzten Fristsetzung am 31.08. immer noch nicht beglichen. Herr Röhrig hat bereits zwei erfolglose Mahnungen geschrieben.

Außerdem ist ihm am Stammtisch zu Ohren gekommen, dass die Firma Industriebau GmbH in letzter Zeit allgemein eine schlechte Zahlungsmoral hat. Auch andere Handwerksbetriebe warten auf Zahlungseingänge.

Aufgabe:

Herr Röhrig bittet Sie, ihm zu helfen und legt Ihnen die zweite Mahnung vor. Er fragt Sie, was er beim Ausfüllen eines Mahnbescheides beachten muss.

Wo muss er den Mahnbescheid beantragen?

Wie könnte sich die Firma Industriebau GmbH nach Erhalt des Mahnbescheides verhalten?

Werner Röhrig   Ihr Meisterbetrieb für Gas – Wasser – Heizung

Musterstr. 8   99999 Musterstadt

Einschreiben

Firma

Industriebau GmbH

Hauptstr. 1

99999 Musterstadt   21.08.200X

2. Mahnung

Sehr geehrte Damen und Herren,

leider konnten wir bis zum 18.08. keinen Zahlungseingang für die unten angeführte Rechnung feststellen. Wir setzen Ihnen hiermit eine letzte Frist bis zum 31.08.200X.

Sollte der Betrag einschließlich der Mahngebühren bis dahin nicht beglichen sein, werden wir gerichtliche Schritte einleiten.

Rechnung vom 31.01.200X	**50.000,- EUR**
Mahngebühren	**25,- EUR**

Mit freundlichen Grüßen

W. Röhrig

Werner Röhrig

2.12.3 Rechtsformen

SACHVERHALT:

1 Frau Irene Stein, eine Mandantin, für die Sie bisher die jährliche Einkommensteuererklärung gefertigt haben, möchte sich gerne selbständig machen.

Frau Stein war bisher als angestellte Einzelhandelkauffrau tätig. Sie möchte gerne ein Fachgeschäft für Sport- und Outdoorartikel in der Innenstadt eröffnen. Geeignete Räume wurden ihr bereits zur Miete angeboten. Frau Stein verfügt über ein Eigenkapital von 100.000,00 Euro. Ihre Bank würde ihr bei Bedarf einen Kredit über 50.000,- Euro geben.

Für die Ladeneinrichtung sind 20.000,- Euro notwendig, die Erstausstattung an Waren wird etwa 60.000,00 Euro kosten. Frau Stein war bereits bei einer Existenzgründungsberatung, die ihre Planzahlen als realistisch und die Geschäftsidee als machbar einstufte.

Aufgabe.

Frau Stein überlegt, in welcher Rechtsform sie das Geschäft führen soll. Bitte erklären Sie Ihr, welche Möglichkeiten sie hat und welche Folgen jeweils zu beachten sind.

2.12.4 Handelsregister

SACHVERHALT:

Ihre Mandantin, Frau Beate Meier, ist Alleininhaberin eines Delikatessengeschäftes in Berlin. 1

Sie will sich im Handelsregister eintragen lassen.

Bisher erfüllte sie die Voraussetzungen des § 140 AO nicht und überschritt auch die Grenzen des § 141 AO noch nicht.

Aufgabe:

Erklären Sie Frau Meier, was sie bei der Firmierung beachten muss.

Nennen und erläutern Sie in diesem Zusammenhang drei wichtige Firmierungsgrundsätze.

Erläutern Sie eventuelle Folgen hinsichtlich der Buchführungspflichten.

2.12.5 Insolvenz

SACHVERHALT:

Die Firma Bike and Fun GmbH betreibt einen Zweiradhandel. Die Bilanzbuchhalterin der Firma legt der Geschäftsleitung am 15.07. folgende Bilanz zum 30.06. vor und weist darauf hin, dass die GmbH überschuldet sei.

Am 14.07. ist eine große Lieferung Motorroller im Wert von 35.000,00 Euro eingegangen. Die Rechung hat ein Zahlungsziel von 14 Tagen. Das Kreditlimit des Girokontos ist ausgenutzt, die Bilanzbuchhalterin weiß nicht, wie sie diese Rechnung begleichen soll.

Eine Erhöhung des Kreditlimits oder eine Umschuldung lehnt die Bank ab, weil keine Sicherheiten zur Verfügung gestellt werden können.

Einlagen seitens der Gesellschafter sind nicht möglich

Aufgabe:

Der geschäftsführende Gesellschafter Herr Lukas Böttcher kommt mit den Unterlagen zu Ihnen in die Kanzlei und fragt Sie, ob die Firma Bike and Fun GmbH wirklich überschuldet ist.

Erläutern Sie Herrn Böttcher den Ablauf eines Insolvenzverfahrens.

Vereinfachte Bilanz zum 30.06. Bike and Fun GmbH

Werte in Euro

AKTIVA		PASSIVA	
Grundstücke	89.000,00	Rückstellungen	12.000,00
BGA	10.500,00	langfristige Verb.	230.000,00
Warenbestand	65.000,00	Verb. aus Girokto.	51.000,00
Forderungen	8.000,00	Verb. L+L	76.000,00
Kassenbestand	1.200,00		
Nicht durch EK gedeckter Fehlbetrag	195.300,00		
	369.000,00		369.000,00

Raum für eigene Notizen:

2.13.1 Kreditsicherungsmöglichkeiten, Darlehensbedingungen

Ihre Mandantin Rosel Hintermeier betreibt seit Jahren eine Gastwirtschaft in eigenen Räumen. 2

Nun wurde ihr das Nachbargrundstück zum Kauf angeboten. Frau Hintermeier würde dort gerne einen Biergarten einrichten, um die Sommersaison besser nutzen zu können. Sie hat die notwendigen Investitionen zusammengerechnet und sich bei verschiedenen Banken über die aktuellen Darlehensbedingungen erkundigt.

Investitionen:

Kaufpreis Grundstück	60.000,- Euro
Notar, Grundbuch	1.000,- Euro
Einrichtung (Bänke, Tische, Grill usw.)	15.000,- Euro
Notwendige Arbeiten am Grundstück	8.000,- Euro
Eigenkapital	35.000,- Euro

Aufgabe:

Frau Hintermeier bittet Sie um Mithilfe bei der Finanzierungsentscheidung.

Ermitteln Sie das Kreditvolumen

Gehen Sie auf die Angebote der Banken ein

Welche Kredit-Sicherheiten könnte Frau Hintermeier anbieten?

Angebote der Banken:

Bank	Auszahlung	Zinsfestschreibung	Zinssatz	Tilgung
1	96%	Volle Laufzeit	5,85%	Ratentilgung 10%
2	100%	5 Jahre	6,25%	Ratentilgung 12%
3	98%	3 Jahre	6,00%	Annuitätentilgung 10%

2.13.2 Kreditsicherheiten

Ihr Mandant Gunter Reich ist Eigentümer eines Mietwohngrundstückes in der Augsburger Innenstadt. Er möchte das vierstöckige Gebäude, das noch aus der Nachkriegszeit stammt, komplett sanieren und an den heutigen modernen Standard anpassen. Dafür ist eine Investition von 180.000,00 Euro notwendig. Herr Reich verfügt über Eigenkapital von 80.000,00 Euro, den Rest möchte er über seine Hausbank, die Sparkasse Augsburg, finanzieren. 3

Herr Reich kommt zu Ihnen in die Kanzlei und hat noch einige Fragen dazu:

Aufgabe:

Der Kundendienstberater der Bank hat Herrn Reich um einen Grundbuchauszug gebeten. Diesen hat er besorgt. Er fragt Sie, was ein Grundbuch eigentlich ist und was die Eintragungen darin bedeuten.

Rang Nr. 1:
25.000,- Euro Hypothek zu Gunsten Deutsche Bank Augsburg

Rang Nr. 2:
50.000,- Euro Grundschuld zu Gunsten Bausparkasse Wüstenrot

Angenommen, für die Sparkasse Augsburg würde für das Darlehen eine Grundschuld in Rang 3 eingetragen: in welcher Reihenfolge würden die Gläubiger befriedigt, wenn Herr Reich zahlungsunfähig werden würde. Gehen Sie davon aus, dass das Haus für 225.000,- Euro verwertet wird.

Der Kundendienstberater hat Herrn Reich ein Formular für eine selbstschuldnerische Bürgschaft mitgegeben. Herr Reich überlegt, ob er seinen vermögenden Bruder um eine Bürgschaft als Sicherheit für den Kredit bitten soll.

Er fragt Sie, was eine selbstschuldnerische Bürgschaft für seinen Bruder und ihn bedeuten würde.

2.13.3 Wechselgeschäft

SACHVERHALT:

2 Ihr Mandant, der Gebrauchtwagenhändler Rainer Rostig, hat die Gelegenheit, mehrere günstige Fahrzeuge von der Autovermietung Ovis GmbH anzukaufen. Herr Rostig hat den notwendigen Betrag von 40.000,- Euro im Moment nicht auf dem Girokonto zur Verfügung. Allerdings hat er bereits drei Kunden für die Fahrzeuge vorgemerkt und wird in etwa zwei Wochen den notwendigen Betrag zur Verfügung haben.

Seine Hausbank ist nicht bereit, ihm einen kurzfristigen Überbrückungskredit zu gewähren. Der Geschäftsführer der Ovis GmbH schlägt Herrn Rostig daher vor, eine Wechselzahlung vorzunehmen.

Nun kommt Herr Rostig mit blanko Wechselformularen zu Ihnen ins Büro und bittet Sie um Hilfe.

Aufgabe:

Füllen Sie das beiliegende Formular als Muster für Herrn Rostig aus.

Der Geschäftsführer der Ovis GmbH wird den Wechsel sofort am 25.06.2003 bei seiner Bank diskontieren. Der Diskontsatz liegt derzeit bei 7,5%. Welche anderen Möglichkeiten hätte er noch?

Erklären Sie Herrn Rostig den gesamten Ablauf des Wechselgeschäftes. Nennen Sie ihm auch die Folgen, wenn er nach 90 Tagen kein ausreichendes Guthaben auf seinem Girokonto hat.

NOTWENDIGE DATEN:

Ausstellungsdatum 24.06.2003, Laufzeit 90 Tage, Betrag 40.000,- Euro

Der Bezogene übernimmt alle Kosten (Diskont).

Rainer Rostig	Ovis Autovermietung GmbH
Rudolf-Diesel-Str. 1	Benzplatz 12
12345 Musterhausen	12345 Musterhausen

Nr. d. Zahl.-Ortes	Zahlungsort	Verfalltag

__________, den __________

Ort und Tag der Ausstellung (Monat in Buchstaben)

Gegen diesen **Wechsel** – erste Ausfertigung – zahlen Sie am __________

Monat in Buchstaben

an __________ DM __________

Betrag in Ziffern

Deutsche Mark __________ Pfennig wie oben

Betrag in Buchstaben

Bezogener __________

in __________

Ort und Straße (genaue Anschrift)

Zahlbar in __________

Zahlungsort

bei __________ __________

Name des Kreditinstituts — z. L. Konto Nr.

Unterschrift und genaue Anschrift des Ausstellers

Angenommen

Zweckform Einheitswechsel A Din 5004

Raum für eigene Notizen:

2.14 Kontenrahmen

AUSZUG AUS DEM KONTENRAHMEN DATEV SKR 03

SKR 03	Kontenbezeichnung
0085	Grundstückswerte eigener bebauter Grundstücke
0090	Geschäftsbauten
0210	Maschinen
0650	Verbindlichkeiten gegenüber Kreditinstituten
0948	Sonderposten mit Rücklageanteil
0980	Aktive Rechnungsabgrenzung
0986	Damnum/Disagio
0990	Passive Rechnungsabgrenzung
1200	Bank
1400	Forderungen aus Lieferungen und Leistungen 16% USt
1575	Abziehbare Vorsteuer 16%
1600	Verbindlichkeiten aus Lieferungen und Leistungen
1700	Sonstige Verbindlichkeiten
1710	Erhaltene Anzahlungen (Verbindlichkeiten)
1741	Verbindlichkeiten aus Lohn- und Kirchensteuer
1742	Verbindlichkeiten im Rahmen der sozialen Sicherheit
1775	Umsatzsteuer 16%
2120	Zinsaufwendungen für langfristige Verbindlichkeiten
2310	Anlagenabgänge (Restbuchwert bei Buchverlust)
2315	Anlagenabgänge (Restbuchwert bei Buchgewinn)
2350	Sonstige Grundstücksaufwendungen
2739	Erträge aus der Auflösung von SOPO mit Rücklageanteil
2750	Grundstückserträge
3400	Wareneingang 16% Vorsteuer
3735	Erhaltene Skonti 16% Vorsteuer

SKR 03	Kontenbezeichnung
4100	Löhne und Gehälter
4130	Gesetzliche soziale Aufwendungen
4230	Heizung
4250	Reinigung
4830	Abschreibungen auf Sachanlagen
4655	Nicht abzugsfähige Betriebsausgaben
4930	Bürobedarf
8400	Erlöse 16% USt
8595	Sachbezüge 16% USt (Waren)
8735	Gewährte Skonti 16% USt
8801	Erlöse aus Anlageverkäufen 16% USt (bei Buchverlust)
8820	Erlöse aus Anlageverkäufen (bei Buchgewinn)

AUSZUG AUS DEM KONTENRAHMEN DATEV SKR O4

SKR 04	Kontenbezeichnung
00235	Grundstückswerte eigener bebauter Grundstücke
0240	Geschäftsbauten
0440	Maschinen
1200	Forderungen aus Lieferungen und Leistungen
1405	Abziehbare Vorsteuer 16%
1800	Bank
1900	Aktive Rechnungsabgrenzung
1940	Damnum/Disagio
2998	Sonderposten m. Rücklageanteil gem. § 7g Abs. 3,7 EStG
3150	Verbindlichkeiten gegenüber Kreditinstituten
3250	Erhaltene Anzahlungen auf Bestellungen
3300	Verbindlichkeiten aus Lieferungen und Leistungen
3500	Sonstige Verbindlichkeiten
3730	Verbindlichkeiten aus Lohn- und Kirchensteuer
3740	Verbindlichkeiten im Rahmen der sozialen Sicherheit
3805	Umsatzsteuer 16%
3900	Passive Rechnungsabgrenzung
4400	Erlöse 16% USt
4735	Gewährte Skonti 16% USt
4845	Erlöse aus Anlagenverkäufen 16% USt (bei Buchgewinn)
4855	Anlagenabgänge (Restbuchwert bei Buchgewinn)
4860	Grundstückserträge
4936	Erträge aus der Auflösung von SOPO mit Rücklageanteil
4945	Sachbezüge 16% USt (Waren)
5400	Wareneingang 16% Vorsteuer
5735	Erhaltene Skonti 16% Vorsteuer

SKR 04	Kontenbezeichnung
6000	Löhne und Gehälter
6110	Gesetzliche soziale Aufwendungen
6220	Abschreibungen auf Sachanlagen
6320	Heizung
6330	Reinigung
6350	Sonstige Grundstücksaufwendungen
6645	Nicht abzugsfähige Betriebsausgaben
6815	Bürobedarf
6885	Erlöse aus Anlageverkäufen 16% USt (bei Buchverlust)
6895	Anlagenabgänge (Restbuchwert bei Buchverlust)
7320	Zinsaufwendungen für langfristige Verbindlichkeiten

BEWERTUNG

3.

Hier finden Sie Wissenswertes rund um die Bewertung der Prüfung. Mit diesen Informationen ist es Ihnen möglich, Ihr Ergebnis einzuordnen und die Endnote zu berechnen.

3.1 Bewertung der Prüfung

In den Prüfungsordnungen der verschiedenen deutschen Steuerberaterkammern ist alles über Inhalt, Ablauf und Bewertung der Prüfung geregelt. Diese Prüfungsordnungen sind bundeseinheitlich angeglichen.

Die Abschlussprüfung zum Steuerfachangestellten beinhaltet vier gleichwertige Prüfungsfächer.

Schriftliche Prüfungen	
Steuerlehre	150 Minuten
Rechnungswesen	120 Minuten
Wirtschafts- und Sozialkunde	90 Minuten
Mündliche Prüfung	
Mandantenorientierte Sachbearbeitung	30 Minuten

3.1.1 Schriftlicher Prüfungsteil

Die schriftliche Prüfung gilt als **nicht bestanden**, wenn in **allen drei Fächern** die Note **5** oder in **einem Fach** die Note **6** erteilt wurde. Mit diesen Noten ist keine Verbesserung durch eine mündliche Ergänzungsprüfung möglich.

In diesem Fall erhalten Sie einen Bescheid von der Steuerberaterkammer an Ihre Privatanschrift, gegen den sie Rechtsbehelf einlegen können. Die Prüfung kann noch zwei mal wiederholt werden, allerdings frühestens zum nächsten allgemeinen Prüfungstermin.

Nicht Bestanden haben Sie die schriftliche Prüfung auch, wenn in **Steuerlehre** die Note **5** oder insgesamt **in zwei Fächern** eine **5** erteilt wurde. In diesen Fällen ist eine mündliche Ergänzungsprüfung möglich, durch die die Prüfung am Ende dann doch noch bestanden werden kann.

Diese **Ergänzungsprüfung vor der mündlichen Prüfung** findet immer am Tag der regulären mündlichen Prüfung statt, damit die Prüflinge nur einmal anreisen müssen. Schafft man die Ergänzungsprüfung, kann man dann also am selben Tag die Prüfung in Mandantenorientierter Sachbearbeitung ablegen.

Ist die Note 5 in Steuerlehre erteilt worden, wird man etwa 15 Minuten mündlich in Steuerlehre geprüft. Hat man zwei mal 5 in Rechnungswesen und Wirtschafts- und Sozialkunde, so darf man sich aussuchen, in welchem der beiden Fächer man etwa 15 Minuten geprüft werden will.

Auf jeden Fall muss man ein mindestens ausreichendes Endergebnis im gewählten Fach erreichen, also 50 Punkte.

Die Punktzahl des mit Note 5 bewerteten schriftlichen Faches zählt doppelt, die Punktzahl der Ergänzungsprüfung einfach.

Bestanden ist die schriftliche Prüfung, wenn in **Steuerlehre** mindestend die Note **4** und in den anderen beiden Fächern **schlechtestenfalls einmal** die **Note 5** erzielt wurde. Dann wird man ohne Ergänzungsprüfung zur Mandantenorientierten Sachbearbeitung zugelasen.

Hier noch mal das Punkte-/Notenschema:

Note 1	100 bis 92 Punkte
Note 2	91 bis 81 Punkte
Note 3	80 bis 67 Punkte
Note 4	66 bis 50 Punkte
Note 5	49 bis 30 Punkte
Note 6	29 bis 0 Punkte

Folgendes Beispiel soll die Berechnung nochmals verdeutlichen:

Schüler A erzielte folgende Ergebnisse:

Steuerlehre	ReWe	WiSo	Ergänzungsprüfung.
52 P (Note4)	48 P (Note 5)	47 P (Note 5)	63 P (Note 4) ReWe

Schüler A musste eine mündliche Ergänzungsprüfung ablegen, weil er in zwei schriftlichen Fächern mit Note 5 abgeschlossen hat.

Er durfte zwischen Rechnungswesen und Wirtschafts- und Sozialkunde wählen und hat sich für eine Ergänzungsprüfung in Rechnungswesen entschieden. In dieser Ergänzungsprüfung erreichte er 63 Punkte. Somit berechnet sich seine Note in Rechnungswesen folgendermaßen:

(2 x 48) + 63 = 159 P, 159 : 3 = 53 P = Note 4

Nun hat er sich so verbessert, dass er zur Prüfung in Mandantenorientierter Sachbearbeitung zugelassen wird.

3.1.2 Mündlicher Prüfungsteil und Endergebnis

Im Vorigen Abschnitt wurde bereits klar, dass man zur Mandantenorientierten Sachbearbeitung zugelassen werden kann, obwohl die schriftliche Prüfung in Rechnungswesen oder Wirtschafts- und Sozialkunde mit Note 5 abgeschlossen wurde. **Allerdings darf nun keine weitere Note 5 hinzukommen!**

Ist dies dennoch der Fall, kann der Prüfling eine **nachträgliche mündliche Ergänzungsprüfung** beantragen.

Diese nachträgliche Ergänzungsprüfung findet etwa eine Woche nach dem ersten Termin der mündlichen Prüfung statt. Das Verfahren entspricht der vorgezogenen mündlichen Ergänzungsprüfung.

Der Prüfling wird 15 Minuten in dem Fach, in dem er die schriftliche Prüfung mit Note 5 abgelegt hat, geprüft.

Gelingt es ihm, in diesem Fach die Note 4 zu erreichen, kann er die Prüfung eventuell noch bestehen. Die schriftliche Punktzahl wird wieder doppelt gewertet, die Ergänzungsprüfung einfach.

Es gibt aber noch einen allerletzten wichtigen Gesichtspunkt zum Bestehen der Prüfung:

Trotz bestandener Einzelteile darf der **Gesamtdurchschnitt nicht unter 50 Punkten** liegen.

In folgenden Fällen wäre die Prüfung also insgesamt nicht bestanden:

Schüler	Steuerlehre	WiSo	ReWe	MoS	Ø
A	50 P	50 P	50 P	47 P	49,25 P
B	63	31	52	50 P	49 P

Um Ihnen die Rechnerei zu erleichtern, habe ich für Sie ein Berechnungsschema entwickelt, mit dem Sie Ihre Endnote ermitteln können.

3.1.3 Berechnungsschema für Ihre Endnote

1. Schriftliche Prüfung

Fach	Punkte	Bestanden ≥ 50P	Ergänzungsprüfung Siehe Punkt 2 und 4	Endnote Übertrag Nr.5
Steuer				
ReWe				
WiSo				

2. Vorgezogene Ergänzungsprüfung im Fach________

schriftliche Prüfung Punkte x 2 =

Ergänzungsprüfung Punkte x 1 =________

Summe : 3 =

Neue Note im Ergänzungsprüfungsfach bei Nr. 1 eintragen

3. Mandantenorientierte Sachbearbeitung

Erreichte Punktzahl = **bei Nr. 5 eintragen**

oder nachträgliche Ergänzungsprüfung notwendig?

4. Nachträgliche Ergänzungsprüfung im Fach ______

schriftliche Prüfung Punkte x 2 =

Ergänzungsprüfung Punkte x 1 =________

Summe : 3 =

Neue Note im Ergänzungsprüfungsfach bei Nr. 1 eintragen

5. Gesamt-Beurteilung

Steuern P	ReWe P	WiSo P	MOS P	P gesamt : 4	Endergebnis Ø ≥ 50 P.

Note 1	100 bis 92 Punkte
Note 2	91 bis 81 Punkte
Note 3	80 bis 67 Punkte
Note 4	66 bis 50 Punkte
Note 5	49 bis 30 Punkte
Note 6	29 bis 0 Punkte

3.2 Sonstiges

3.2.1 Blitzentspannungsübung

Wenn die beklemmende Prüfungsangst hochsteigt, können Sie körperlich dagegen steuern und sich wieder entspannen. Dann fließen die Gedanken auch wieder problemlos.

ANLEITUNG:

Atmen Sie zuerst etwas tiefer ein und dann ohne Anhalten wieder aus. Nach dem Ausatmen halten Sie den Atem für 4-8 Sekunden an. Welche Zeitspanne für Sie angenehm ist, finden Sie am besten selbst heraus. Zählen Sie die Sekunden in Gedanken „Einundzwanzig, Zweiundzwanzig, Dreiundzwanzig........". Nachdem Sie den Atem angehalten haben, atmen Sie wieder tief ein und sofort wieder aus. Dann wieder 4-8 Sekunden halten und zählen, dann wieder ein und aus, halten und zählen... - solange, bis Sie eine Entspannung fühlen. Das dürfte spätestens nach 2 bis 3 Minuten der Fall sein. Diese Atemtechnik setzt man übrigens unbewusst vor dem Einschlafen ein. Keine Angst, sie schlafen jetzt nicht in der Prüfung ein, sie werden nur entspannter.

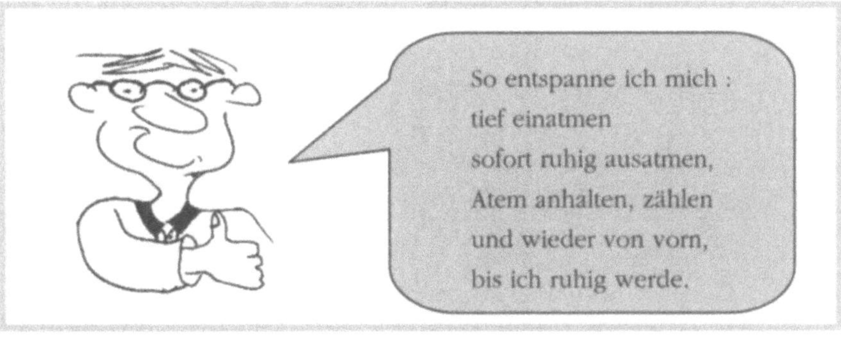

So entspanne ich mich :
tief einatmen
sofort ruhig ausatmen,
Atem anhalten, zählen
und wieder von vorn,
bis ich ruhig werde.

Literaturtipp:

Ein wirklich empfehlenswertes Büchlein ist

„So überwinden Sie Prüfungsängste" von Doris Wolf und Rolf Merkle erschienen im PAL-Verlag, ISBN 3-923614-36-5

Allerdings sollte man rechtzeitig vor der Prüfung mit dem Training beginnen, nicht erst in der letzten Woche.

Raum für eigenene Notizen:

Stichwortverzeichnis

MIX
Papier aus verantwortungsvollen Quellen
Paper from responsible sources
FSC® C105338

If you have any concerns about our products,
you can contact us on
ProductSafety@springernature.com

In case Publisher is established outside the EU,
the EU authorized representative is:
Springer Nature Customer Service Center GmbH
Europaplatz 3, 69115 Heidelberg, Germany

Printed by Libri Plureos GmbH
in Hamburg, Germany